最强大脑训练丛书

有趣的观察

顾澄华 编著

郑州大学出版社

郑州

图书在版编目(CIP)数据

有趣的观察 / 顾澄华编著 .—郑州：郑州大学出版社, 2016.10
（最强大脑训练）
ISBN 978-7-5645-2965-9

Ⅰ.①有… Ⅱ.①顾… Ⅲ.①智力游戏—少儿读物 Ⅳ.① G898.2

中国版本图书馆 CIP 数据核字 (2016) 第 053999 号

郑州大学出版社出版发行
郑州市大学路40号　　　　　　邮政编码:450052
出版人:张功员　　　　　　　　发行部电话:0371-66658405
全国新华书店经销
北京柯蓝博泰印务有限公司印制
开本:660mm×940mm　1/16
印张:10
字数:117 千字
版次:2016 年 10 月第 1 版　　　印次:2016 年 10 月第 1 次印刷

书号:ISBN 978-7-5645-2965-9　　定价:28.00 元
本书如有印装质量问题,请向本社调换

前　言

　　这个世界是多么奇妙，总有一些事情是我们想知道而不知道的，它就像无数个谜题，等着我们去揭秘，正如我们的理想一样，需要一步一步实现。

　　每个人在生活中都需要一双会观察的眼睛，假如你能做一个生活中的有心人，就一定可以发现原来我们的世界还有那么多好玩儿的事情。本来看似是这么一回事，其实是另外的一回事。

　　就这样，我们在无数个问题中长大，每天都是这个世界的重大发现者，每天都有新奇的事情与我们相伴，这是一件多么快乐的事情。我们就像一个未成熟的孩子，左边看看右边看看，在细致的观察中再看看，反复斟酌，反复询问着，怀着一颗好奇的心灵无数次地从为什么中得到真知，这是怎样奇妙的生活状态啊。

　　每一个孩子都是聪明的，他们会自我发现，开动自己的智慧和脑筋，想办法解决心中的疑惑。如果你

是这样的孩子,这本书一定是你最好的伴侣,它会教会你观察的真本领,用一个又一个的小故事来引导你,帮助你了解这个世界的真相,激发你内心小宇宙的能量,千万不要小看这本书的能量哦,让我们来一同感受吧。

目 录

第一章　左顾右盼——细心观察……………………… 1
　一份作业两位数学老师 ……………………………… 2
　第二语言 ……………………………………………… 2
　商品差价 ……………………………………………… 3
　冯梦龙宴客 …………………………………………… 4
　一条奇怪的路 ………………………………………… 5
　机灵的豆豆 …………………………………………… 6
　一样的气球 …………………………………………… 7
　不同颜色的帽子 ……………………………………… 7
　一同观看表演 ………………………………………… 9
　巧妙的回答 …………………………………………… 10
　妹妹的答案 …………………………………………… 10
　不一样的物品 ………………………………………… 11
　大师的意图 …………………………………………… 13
　防止水土流失的森林 ………………………………… 13
　如何称西瓜 …………………………………………… 14
　三个金雕像 …………………………………………… 16
　洗澡时意外的发现 …………………………………… 17

第二章　聪明细致——观察到位……………………… 19
　伯爵奇怪的遗嘱 ……………………………………… 20
　伊索指路 ……………………………………………… 21
　池塘里共有几桶水 …………………………………… 22
　小明与歹徒 …………………………………………… 23
　令国王满意的回答 …………………………………… 24
　战胜冠军的人 ………………………………………… 25
　剪断的绳子 …………………………………………… 26
　放学后蜗牛的讨论 …………………………………… 27
　用火柴变魔法 ………………………………………… 28

扩建的游泳池	29
切煎饼	30
用鸭帮顶债	31
我们走，月亮也跟着走	32
聪明的秀才	33
凶器哪儿去了	34

第三章 易趣奇谈——侦探法眼 … 36

不打自招的凶手	37
经验丰富的警长	38
多此一举，弄巧成拙	39
刘太太的谎言	40
县太爷智断烟袋	41
撒谎的报案者	42
撒谎的人是谁	43
伪造的凶杀现场	44
制造假象的骗术	45
鱼缸里的热带鱼	46
一杯加冰的威士忌	47
谁是真凶	48
特制的弹头为何不见了	49
电梯内的凶杀案	50
偷窃珠宝的人	52
一把扇子	53
借无赖的刀断案	54
女明星项链失窃案	55

第四章 聪明绝顶——慧心推理 … 57

一模一样的试卷	58
犯了什么错误的年轻人	58
轮胎不见了	59
什么绝妙的答案	60
如何开始三个人的游戏	61
小男孩的暗示	62
反应迅速的演员	63
老爷爷报时的秘密	64
两支手电筒	64
二傻子赶路	65
左追？右追？追捕凶手	66
陈旧的钟表报时	67

有破绽的请假条 ………………………… 68
示警信号 ……………………………… 69
变短了的线 …………………………… 70
谁先发觉有人开枪 …………………… 71
绝妙的对联 …………………………… 72
"莎翁"巧取硬币 ……………………… 73
令杀手奇怪的钥匙洞 ………………… 74

第五章 妙趣横生——科学勘探 ……… 76

壁虎的"特异功能" …………………… 77
房子的位置在哪里 …………………… 78
棉布床单的大小 ……………………… 78
向阳花的秘密 ………………………… 79
水酒各煎一半 ………………………… 80
巧辨生熟蛋 …………………………… 81
硬币哪里去了 ………………………… 82
埃菲尔铁塔之谜 ……………………… 83
会唱歌的潺潺小溪 …………………… 84
声音从何处而发 ……………………… 85
小小气象员 …………………………… 86
加热后的变化 ………………………… 88
纸为什么变黄了 ……………………… 88
糖会带电吗 …………………………… 89
青蛙的本领真大 ……………………… 91
盐水泡过的苹果 ……………………… 92
一闪一闪的萤火虫 …………………… 93
虾的皮肤变红了 ……………………… 94
起火的原因 …………………………… 95
为什么吃菠萝前最好蘸盐水 ………… 96
花期极短的昙花 ……………………… 97
向上生长的植物 ……………………… 99
"玩"中有发现 ………………………… 100
奇怪的变化 …………………………… 101

第六章 投石问路——一探究竟 ……… 103

真花？假花？巧辨真假花朵 ………… 104
有几个幸存者 ………………………… 105
韩信求兵 ……………………………… 106
聪明的小女孩 ………………………… 107
一条假项链 …………………………… 108

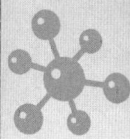

秘密地道 …………………………………… 109
书生巧用标点 …………………………… 110
智戏地主的长工 ………………………… 111
船夫想出的好主意 ……………………… 112
奇怪的算式 ……………………………… 113
刘墉的贺礼 ……………………………… 115
顽皮学生的玩笑 ………………………… 116
才子唐伯虎问路 ………………………… 118
特别的"宴会" ………………………… 119

第七章 一路探寻——找到原因 …………… 121

布满镜子的房间 ………………………… 122
公主丢了的鞋子 ………………………… 123
掉了下去！大盗跳楼 …………………… 124
巧寻花仙 ………………………………… 125
巧挪桥墩 ………………………………… 127
聪明的小丞相甘罗 ……………………… 128
小鸡嗜好吃沙 …………………………… 129
失踪的自行车哪儿去了 ………………… 130
县官王之涣审黄狗 ……………………… 131
晚上不会开花的郁金香 ………………… 132
爱睡觉的"睡莲" ……………………… 133
不怕冷的菊花 …………………………… 134
预备姿势 ………………………………… 135

第八章 追根逐源——原来如此 …………… 137

颠倒的电文 ……………………………… 138
聪明的马克·吐温 ……………………… 139
如此违规 ………………………………… 140
怎样才能越狱成功 ……………………… 141
狡猾的女人 ……………………………… 142
加法的妙用 ……………………………… 143
重量真的小了吗 ………………………… 144
雨后的蘑菇 ……………………………… 145
会飞的蒲公英果实 ……………………… 147
冬天里的蜡梅 …………………………… 148
不容易开花的铁树 ……………………… 149
爱伸舌头的小狗 ………………………… 151

第一章

左顾右盼

——细心观察

左看看右看看，这个世界是多么奇妙，只要我们观察细致，就一定会发现其中蕴藏着的各种各样的奥秘。其实，在生活中有很多精彩的小瞬间，而这些小瞬间中有很多很多惊人的点滴，只要你细心地去观察，探听其中的学问，就会体会到观察的乐趣。那么就让我们一同去思考，一同去观察，一同在学习中玩耍吧！相信经过细心观察，我们每一个人都可以受益匪浅。

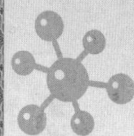

1 一份作业两位数学老师

郑老师和宋老师相对坐在办公室看同一份数学作业,她们为了其中的一道题而争论不休。郑老师说:"这个等式是正确的。""不,这完全是错误的。"宋老师反驳道。

思索提问

请问,郑老师和宋老师到底看的是一个什么式子呢?

答案

这个等式是9×9=81,但从不同的方向看就会变成另外一个式子,宋老师认为等式错误,因为她看到的是18=6×6。

2 第二语言

根据语言学习的顺序,我们把最先学的语言叫作第一语言,也叫母语,把第一语言之后学习和运用的语言称作第二语言。

根据上述定义,可以判断下列哪些属于第二语言?

A. 出生在中国的德国籍孩子同时学习汉语和德语。
B. 中国学生学习了英语之后又开始学习西班牙语。
C. 中国学生出国后同时学习英语和法语。
D. 美国留学生来中国学习汉语。

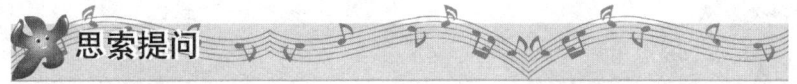

根据定义，请你从以上A、B、C、D的叙述中，判断哪些情况属于第二语言学习。

答案

B、C、D

3 商品差价

商品差价简称差价，是指同一商品由于流通环节、购销地区、销售季节萨及质量不同而形成的价格差额。据此请判断，下列不属于商品差价的是：

A. 同一本书，刚出版时与两年后价格不同。
B. 同样的萝卜，上午一元一斤，下午则五角一斤。
C. 奔驰轿车与大众轿车价格不同。
D. 甲地的盐比乙地的便宜，因为甲地产盐。

根据定义，请你从以上A、B、C、D的叙述中，判断哪些不属于商品差价。

答案

C

4 冯梦龙宴客

　　冯梦龙是我国明朝时期著名的学者，他对文学十分感兴趣，他看淡人间世事，把所有的精力都投入到了自己喜欢的文学创作中。冯梦龙特别喜欢谜语，为此他收集了很多资料，并对此进行了精心的研究，写了一部专门讲谜语的书——《黄山谜》。

　　有一年夏天，冯梦龙起床后，发现后院的桃花开了，于是他到后院赏花。恰巧这个时候，有一位姓李的朋友前来拜会。冯梦龙便开玩笑地对这位朋友说："桃李与春风本是一家，既然您来了，不如到我的后院去坐坐，我们一面喝酒，一面赏花如何？"客人同意了，他们便来到了后院。冯梦龙突然想起自己忘了带一样东西，就对书童说："你快去拿一件东西送到后院！"书童问："是什么东西？"冯梦龙随口就造了一个谜："有面无口，有脚无手，又好吃肉，又好吃酒。"书童顿时愣在了那里，一时也猜不出应该拿什么样的东西来。

思索提问

你能帮书童猜出来冯梦龙要他拿的是什么吗？

答案

冯梦龙要的是酒桌。

5 一条奇怪的路

有这样一条路,当一个人走时,只需要30分钟就可以走完;当两个人一起走时,需要用31分钟才能走完;三个人一起走时,还得多用1分钟即32分钟才能走完。人越多,反而用的时间越长。

思索提问

请问这究竟是怎么回事呢?

答案

原来因为这条路的中间有一条河,河上有一座桥,可是这座桥一次只能承受一个人的重量,因而每次只能通行一人。而完全走过这座桥需要1分钟,所以越多人走在这条路上,所需要的时间越长。

6 机灵的豆豆

一天,豆豆在做完作业之后想出去玩儿,却被姐姐佳音拦住了。爸爸妈妈因为有事出去了,很晚才能回来,临走之前,特意嘱托佳音不能带妹妹出去玩,并且一定要照顾好妹妹。很显然,佳音按照爸爸妈妈的要求做了。

看到豆豆那着急而又不高兴的样子。佳音耐心地向妹妹豆豆讲了不能出去的理由。豆豆乖乖地点了点头。佳音又说:"豆豆,现在姐姐给你出一道题,如果你答对的话,姐姐不但让你看你最喜欢的动画片,还陪你做游戏,如果答错的话,那动画片就没有了。"

"快出题呀,姐姐!"豆豆高兴地说。

只见佳音迅速地拿了6只纸杯过来,放在桌子上面,一字排开,并将前3只纸杯装满了水说:"豆豆,看好了。这6只杯子当中,前面3只盛满了水,后面3只是空的。你能只移动1只纸杯,就将盛满水的杯子和空杯子间隔起来吗?"

没有想到,豆豆略微思考了一下,随后又动了一下小手,便将问题解决了,并与姐姐一起度过了一段快乐的时光。

思索提问

你想想看,小机灵的豆豆是怎样做的?

答案

原来,豆豆直接把第二只盛满水的杯子里的水倒到第五只空着的杯子里。

7 一样的气球

这一天皮皮和毛毛正在一起玩耍。皮皮把两个相同的盆子里装了等量的凉水，然后又把两个相同大小且装满水的气球分别放进了那两个盆里。这两个盆子装的水一样，可是，气球却一个沉在水里，一个浮在水面。这让两个小家伙的脸上都充满了疑惑的表情。

思索提问

你知道这究竟是为什么吗？

答案

因为两个气球一个装的是热水，一个装的是冷水。装热水的气球温度高，密度就会变小，所以它就变得比装冷水的气球轻，自然会浮在水面。

8 不同颜色的帽子

在动物王国的一次生日派对上，大家都准备了许多有趣的节目。其间一个新节目开始了，是一个猜帽子颜色的游戏，表演者猴子妈妈的三个宝宝，大毛、二毛和三毛。他们准备了三顶蓝红帽子和两顶白黑帽子。只见，在前面扮演小丑的大毛、二毛、三毛排成一列，大毛后面站着二毛，二毛后面站着三毛。

大象伯伯给他们三人头上各戴上了一顶帽子，剩下的帽子被藏了起来。他们可以看到前面的人帽子颜色，但看不到自己的。

"三毛，你的帽子是什么颜色？"小松鼠问。

"不知道。"三毛回答道。

"二毛呢？"小梅花鹿问。

"我也不知道。"二毛回答道。

这时候，谁的帽子都看不到的大毛却说："啊！我知道了。"

请问：大毛的帽子是什么颜色呢？

蓝红色。假设大毛和二毛的帽子都是白黑色的，而会场上只有两顶白黑帽子，那么三毛应该立刻回答自己的帽子是蓝红色的。所以，大毛和二毛戴的帽子有两种可能：①一顶是白黑色，一顶是蓝红色；②两顶都是蓝红色。二毛看得到大毛的帽子，如果大毛戴的是白黑色的话，便符合①的状况，那么二毛应该可以答出自己的帽子是蓝红色的才对。他答不出来的原因，相信你也已经猜到了吧，那就是因为大毛的帽子是蓝红色的。

9 一同观看表演

有一天晚上,法国著名文学家大仲马和他的另一位作家朋友一起到剧院去观看一场悲情戏。这出戏作者就是同他一起看戏的作家。在观看的这个过程中,大仲马发现观众席上有很多人都在昏昏欲睡,就半开玩笑地对那位作家说:"难道这就是你所创作的悲剧?这就是它能够带给观众的唯一的感动方式吗?"听罢此话后,作家只能默默无语。

第二天,剧院里又上演了由大仲马创作的《基督山伯爵》,大仲马和他的这位作家朋友又一起前往观看。当朋友也在剧院里发现了一个正在呼呼大睡的观众的时候,就立刻指着那个人问大仲马说:"看来你的这部剧作也很有威力啊,要不然这位观众怎么能睡得这么香甜呢?"大仲马听完朋友所讲的话之后,知道这是朋友在报复自己昨天对他开的那个玩笑,就很快想到了一个回答问题的办法。而听了大仲马的回答后,这位作家就立刻哑口无言了。

思索提问

大仲马是如何回答他朋友的问题的呢?

答案

原来,大仲马不紧不慢地回答:"朋友,难道你还没有看出来吗?其实这个人就是昨天看你的悲剧时睡着的人中的一个呀!只不过,直到现在他还没有睡醒呢!"

10 巧妙的回答

清末年间，湖广总督张之洞和抚军谭继洵等人到江夏一带视察工作。当时，时任江夏知县的陈树屏宴请了他们，宴请的地点设在了位于长江边上的黄鹤楼。闲谈之余，不知道是谁忽然提到了黄鹤楼处的长江江面有多宽这个问题。谭继洵大人很肯定地说是5里3分，而张之洞大人却坚持说是7里3分。因为两人都坚持自己的观点不禁争得面红耳赤。

眼看着宴会很可能就要因此落得个不欢而散的下场，陈树屏急中生智，对张之洞和谭继洵说了几句话，两人便停止了争吵，尴尬的场面就此缓解，宴会又可以欢快地进行了。

思索提问

到底陈树屏对二位大人说了什么呢？

答案

陈树屏笑着对他们说："二位大人说的都没有错，这江面涨潮时确实是7里3分，而在落潮时则刚好是5里3分。"

11 妹妹的答案

放学之后，姐姐看着妹妹和弟弟在家玩，只见他们在一张

纸上画了一个大圆，大圆里又画了许多小圆，小圆的圆心都在大圆的直径上。看到弟弟妹妹的画作，姐姐开始发问了："这么多圆，到底是大圆的周长长，还是小圆的周长长呢？"弟弟说："一样长。"妹妹则说："小圆长。"

思索提问

那么，请问弟弟妹妹的答案谁的对？

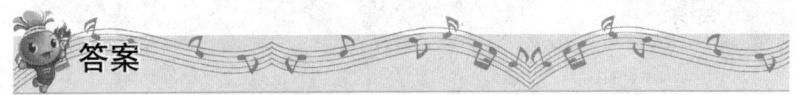

答案

一样长，弟弟说对了。因为图中所有小圆相加的直径与大圆的直径相等，而周长等于圆周率与直径乘积的2倍，所以当大圆与所有小圆相加的直径相等时，它们的周长自然也就相等了。

12 不一样的物品

欢欢家的仓库储物柜中堆放了很多杂物。由于妈妈最近特别忙，所以一直没有来得及整理。星期六的下午，妈妈要求欢欢自己独立去整理仓库储物柜。接到这个任务后的欢欢很高兴，于是，她便开始忙碌起来。

欢欢将所有杂物都分门别类地放好，然后将最后剩下的梳子、叉子、拉链、牙刷、钳子这5件物品放在了一起。等到这一切完工之后，欢欢便拉着妈妈走到整理柜旁边，原来，欢欢是想让妈妈检查一下自己的劳动结果。

妈妈看着那收拾的井井有条的储物柜，说道："我对你的表现非常的满意，但是，妈妈还要问你一个问题。"妈妈停了停说："仔细观察一下梳子、叉子、拉链、牙刷、钳子这5种物品，有哪一个与其他4种不一样？可要说出你的理由哦。"

思索提问

你能回答出欢欢妈妈提出的问题吗？

答案

钳子与众不同，因为其他物品都是齿状物。

13 大师的意图

有一回，日本的一位歌舞伎大师守田勘弥扮演古代一位徒步旅行的百姓，正当他要上场时，一个徒弟轻声提醒他说："师傅，您的草鞋带子松了。"

他回答了一声："谢谢你呀。"然后立刻蹲下，系紧了鞋带。

当他走到徒弟看不到的舞台入口处时，却又蹲下，把刚才系紧的带子又弄松了。

思索提问

你能理解守田勘弥大师这样做的意图吗？

答案

原来，守田这位大师松开懈怠的主要原因是以草鞋的带子都已松垮，来表现出他所扮演的老百姓长途旅行的疲态。演戏细腻到这种程度，这位大师的确是有过人之处。而对于徒弟的好意提醒，大师只想去接受和回报他。

14 防止水土流失的森林

星期六的一个下午，亮亮在看动画片，动画片中有这样一个情景：一个人在不停地砍伐着森林，有一天，当森林被他砍光的时候，突如其来的一阵强烈的沙尘暴，把这个人给刮走了，附近的村子也被湮没了,紧接着"禁止对森林乱砍滥伐"几大字在电视屏幕中显现了出来。

"为什么呢?"亮亮看到妈妈已经来到了自己的身旁,就问了起来。

"因为森林有防止风沙、防止水土流失等很重要的作用啊!"

"防止风沙的作用,刚才我在电视里看到了,那为什么森林能防止水土流失呢?"

"因为……"

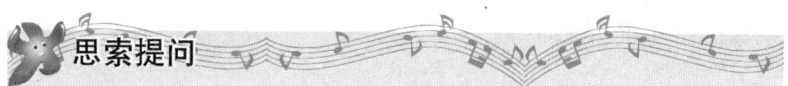

思索提问

你知道亮亮的妈妈是怎么回答的吗?

答案

因为森林有很强的蓄水能力。6000—7000公顷森林的蓄水能力,与一个库容量为200万立方米的中小型水库一样多。另外,森林中发达的树木根系,也能阻止土壤被洪水冲走。

15 如何称西瓜

一天,农场采摘了一批西瓜,足足有一卡车,他们派人带上一台小台秤,到一个科学研究中心的建筑工地,准备出售这批西瓜。但是,去往建筑工地的道路蜿蜒曲折,卡车经过一路的颠簸,终于到达了目的地。负责卖瓜的人这时才发现随车带的小台秤上除了底砣和一个1000克的秤砣还在以外,其他的秤砣都找不到了。这样一来,这台秤最多只能称2000克,而

送来的西瓜则全是大西瓜,大的有约8000克左右,小的也有3000多克。这可怎么办呢?叫人去借秤,可借不到。这可把负责卖瓜的人难为坏了。

　　此时,建筑工人们已经开始陆陆续续地三三两两来买西瓜解渴了。一听说西瓜无法过秤,大家都觉得很遗憾。有一个青年工人沉思了一会儿,想了一个办法说:"把西瓜切开来称吧。"大家都认为这是个好主意。于是,卖瓜的人便拿起了刀,准备切西瓜。恰恰在准备切西瓜的时候,走来一位戴着眼镜,看上去很有学问的老人。他拦住大家说道:"这么多西瓜都切开称,吃不完不坏了吗?我倒有个主意,咱们不妨试一试!"说着,他从裤袋里掏出自己的手帕,也让其他人把自己的手帕递过来,只花了短短几分钟的时间,小台秤就能称量了。当工人们美美地吃着西瓜时,聪明的老人已不知去向。后来一打听,这才知道他就是中国大名鼎鼎的数学家——华罗庚。

思索提问

　　请问,华罗庚用的是什么办法呢?

答案

　　原来,华罗庚先用手帕分别将砂石或者其他重物包裹在里面,再将已有的那个砣放在台秤上,分别称出它们的重量,使其分别为1千克、1.5千克、2千克等。再称西瓜时,就将它们分别挂在底砣上使用,这样就可以起到砣的作用,用来准确称量了。

16 三个金雕像

从前,有一个名叫苏丹的国王收到了一份邻国国王的礼物,这份礼物是三个外表、大小和重量都完全一样的金雕像,而且这位邻国的国王告诉国王苏丹,它们的价值是不一样的。其实,这个邻国的国王就是想拿这三个东西来试一试苏丹和他的臣民究竟聪明到什么地步。

当苏丹接到这份不寻常的礼物时,心里感到十分的奇怪。于是他把王宫里所有的人召集到一起,让他们找出这三个雕像的差别在哪儿。于是,所有的人围着这三个雕像看了又看,查了又查,却怎么也找不到它们究竟有什么差别。

关于这三个金雕像的消息很快就在城里传开了,男女老少,从老人到小孩,没有一个人不知道。一个被关在囚牢里的穷小伙子托人告诉苏丹说,只要让他看一眼这三个金雕像,他马上就能说出它们之间的差别区别。

于是,苏丹就吩咐士兵把这个青年传进了王宫。这个青年围着这三个金雕像前前后后仔仔细细地看了一遍,发现它们的耳朵上都钻了一个眼。他拿起一根稻草,穿进第一个雕像的耳朵里,稻草从嘴里钻了出来。紧接着,他又把稻草穿进第二个雕像的耳朵里,稻草又从另一只耳朵钻了出来。最后,他又把稻草穿进第三个雕像的耳朵时,稻草被它吞到了肚子里,再也出不来了。

随后,青年就对苏丹讲出了这三个雕像的差别。苏丹国王听了这个青年人的话,非常的高兴,他吩咐人在每个雕像上写上它的价值,又把它们还给了那个邻国的国王。而年轻人也不再苦闷地蹲在牢房里,国王把他放了出来,留在了身边。

思索提问

这个青年人发现这三个金像的差别在哪里呢?

答案

年轻人说:"陛下!这几个金雕像都有和人一样的特点。第一个雕像就像是一个快嘴的人,他听到什么,马上就要说出来,这种人是不可靠的。所以,这个雕像值不了几个钱。第二个雕像就像是一个左耳进、右耳出的人,这种人不学无术,没有什么本事,也是不值钱的。第三个雕像就像是一个很有涵养的人,他能把知道的东西全部装在肚子里,所以这个雕像是最值钱的。"

17 洗澡时意外的发现

阿基米德是古希腊著名的物理学家和数学家,出生于公元前287年,在地中海中西西里岛的叙拉卡斯城长大。他学识渊博,智慧过人,其发明创造为自己的国家做出了相当杰出的贡献,因此赢得了亥厄洛国王的信任。国王曾训谕他的臣民们说:"无论阿基米德做什么,讲什么,都要相信他。

有一次,国王让工匠给他做了一只纯金的王冠。等王冠做好以后,国王怀疑工匠用其他的金属混杂在王冠里,但又找不出确凿的证据,更不知道检验的方法。于是,他便想到了才智过人的阿基米德,要求阿基米德为他想个办法。阿基米德被难住了,他冥思苦想了很久,但是一个好的办法也没有想出来。

这天，他去洗澡，他刚站进澡盆的时候，水就往上升起来，他坐了下去，水就溢到盆外来了。同时，阿基米德觉得身体在水中的重量减轻了许多。他突发灵感，立即从澡盆里跳了出来，高兴得忘乎所以，大声喊着跑了出去："我知道了！我知道了！"周围的人都莫名其妙，以为他是精神病院里的神经病，这一次他终于想到了检测国王冠冕的办法。

阿基米德找了一个刚好能包容下王冠的水罐，将里面注满水，又向国王要了一块工匠做王冠用的一样重量和大小的纯金。检验就这样开始了，他分别将王冠和纯金放入水罐。结果发现放王冠时水罐里溢出的水要比放纯金块所溢出的水多。于是阿基米德据此断定指出，王冠里肯定混杂了比纯金重的其他金属。

思索提问

阿基米德为什么会断定国王的王冠里掺杂了其他金属呢？

答案

我们知道，每当我们站进澡盆洗澡的时候，澡盆的水必然会上升，由于水的浮力，身体也必然会减轻。阿基米德从中获得了灵感,如果王冠放入水的时候,所排出的水量，与同样大小的纯金所排出的水量不是一样多，则金匠替国王所制的王冠一定夹杂了其他金属。

阿基米德从最平常的事情里发现了十分重要的物理奥秘——浮力原理。根据这个原理，得出了有名的阿基米德定律：沉物体于液体中，物体减轻之重量，等于所排出液体之重量。

第二章

聪明细致

——观察到位

　　生活是细腻的,我们需要认真地观察,很多事情看起来是一回事,本质其实是另一回事,关键看你观察得到不到位。那么究竟如何看明事情的真假呢？这里没有华丽的言辞,没有过多的解释,一切都在一双眼睛上。眼睛是心灵的窗户,所有的答案都是通过观察得出来的。不管在什么时候都要做一个聪明细致的人,做好观察后的每一个选择,这样才能不被假象所蒙蔽,真相就会无所遁形。

伯爵奇怪的遗嘱

一位伯爵在几个世纪前留下了一份遗嘱,这份遗嘱的内容非常生动,其内容如下。

致我最亲爱的家人,他们一定为此等待了很长的时间,现将以下的一切留给后人:

一个人对什么东西爱得胜过了自己的生命,

而恨得却胜过死亡或者致命的斗争。

这个东西可以满足人的欲望,

是穷人所有的,却是富人想得到的。

它是守财奴想花费的,却是挥霍者所保留的。

然而,所有人都要把它带进自己的坟墓。

思索提问

通过这封遗嘱,你能否推断出这位伯爵想要给后人留下的东西?

答案

这位伯爵留给后人的是"一无所有"。

2 伊索指路

古希腊有一个很聪明的人,名字叫伊索,是个有名的寓言作家。有一天,一位行人路过了伊索住着的村庄,恰好遇见了他,便向他问道:"请问,到最近的村子还得走多长时间?"

伊索说:"你就走吧!"

行人说:"我知道要走,我想知道到底需要多长时间。"

伊索说:"你就走吧!"

行人想,这个人真是个疯子,于是自己继续向前赶路。

过了一会儿,伊索大声对他喊道:"再过一小时你就到了。"

行人回头大声问:"那刚才你为什么不告诉我?"

是呀,伊索为什么刚才不告诉他,而要等过了一会儿之后才告诉他呢?

思索提问

你知道这是为什么吗?

答案

原来伊索要观察这位路人走路的快慢,从而在心里进行计算,因此,要等行人走了一段路之后,才能告诉他需要多久能到达最近的村子。

3 池塘里共有几桶水

从前,有这样一个大名鼎鼎的老学者,他居住的小屋旁边有一个池塘,因为这个缘故他开始思考一个奇怪的问题:这个池塘里共有几桶水?由于这个问题问得也太古怪了,学者的学生们都很疑惑,这个问题就像问一座山有多少斤重一样,谁能答得明白?尽管他们都是很有才能的学者,但没有一个能答的出来。老学者很不高兴,便说:"你们回去都给我考虑三天。"

可是,三天过去了,学生中仍没人能解答这个问题。老学者十分扫兴,干脆写了一张布告,声明谁如果能够回答出这个问题,就收谁做学生——免得有人说他的学生都是一帮庸才。

布告刚贴出后不久,一个小男孩信心十足地走进老学者的授课室,告诉他自己知道这池塘里有几桶水。老学者的学生一听,便笑起来,小孩子能懂什么呢。老学者又将那问题讲了一遍,便示意一名学生带小男孩去看一看那个池塘。不料,小男孩却笑道:"不用看了,这个问题其实很简单。"他眨了几下眼睛,凑到老学者耳边说了几句话。

老学者听后连连点头,露出了赞许的笑容。

思索提问

那么,你能说出池塘里究竟有几桶水吗?

答案

要看是怎样的桶,如果桶和池塘一样大小,就只有一桶水;

如果桶只有池塘的一半大,则有两桶水;若桶有池塘的1/3大,则有3桶水,以此类推。

4 小明与歹徒

眼看夜幕降临,小明正走在回家的路上,谁料途中竟遇见一名歹徒,小明转身就跑,只见他立刻跑到不远处的一个圆形的大湖旁边,跳上岸边停靠的一只小船,拼命地朝对岸划。歹徒见状并没有就此罢休,依然对小明一通猛追,只见他骑自行车沿着湖边向对岸追去。而歹徒骑车的速度是小明划船速度的2.5倍。

思索提问

请你猜猜,在湖里面的小明还有逃脱的可能性吗?

答案

小明如果聪明的话,可以先把船划到湖心,看准歹徒的位置,再立刻从湖心向歹徒正对的方向岸边划。这样他只划一个半径长,而歹徒要跑半个圆周长,即半径的3~4倍,虽然歹徒的速度是小明的2.5倍,但小明仍然能在歹徒到达之前先上岸逃跑。

5 令国王满意的回答

很久以前,有一对兄弟合种一块稻田,等到水稻成熟的时节,贪心的哥哥竟把大部分收成霸占起来,弟弟觉得哥哥太贪心,便与哥哥发生了口角。正在二人争得面红耳赤的时候。令兄弟二人没有想到的是,国王恰好从这里路过。

国王听到了两个人理论的经过,对事情的原委也了解了个大概。于是,国王为兄弟二人出了三个问题,对兄弟二人说:"我现在给你们出三个问题,如果谁能够把这三个问题回答上来,我就把这里全部的稻子都裁决给谁。"

国王的三个问题是:在这个世界上,什么最肥?什么最快?什么最可亲?

国王提完了这三道题就命令兄弟二人明天把这三个问题的答案告诉自己。

第二天,兄弟二人来见国王,哥哥给出的答案是:最肥的是自家养的猪,最快的是自家跑的马,而最可亲的则是自己的老婆。国王听完皱起了眉头,而弟弟给出的答案却让国王刮目相看,最终国王把所有的稻子都裁决给了弟弟。

思索提问

你知道弟弟是怎么回答的吗?

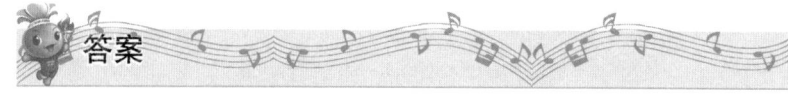
答案

弟弟的回答是:"世界最肥的是土地,因为它能生长出万物；最快的是人的态度，因为它的变化比什么都快；最可亲的是自己的国王，因为他善待自己的子民，就像父母对待儿女一样。"

6 战胜冠军的人

有这样三个人：一个是全国羽毛球冠军，一个是全国象棋冠军，一个是很普通的人。但是，他们三个人却是十分要好的朋友。大家在有时间的时候经常聚在一起，时常谈谈心，偶尔娱乐一番。

有一天，他们三人相约一起到一个俱乐部里玩，三人都准时赴约，并在俱乐部里痛痛快快地玩了一个下午，到吃晚饭的时候，那个普通人对周围的人说："嘿嘿，今天我可算是赢了，我是又打羽毛球，又下象棋，既战胜了羽毛球冠军，又战胜了象棋冠军，我觉得简直是太爽了！"

大家都说他吹牛："不会吧！即使是你赢了他们，也肯定是他们让着你！你就别在这里吹牛了！"周围有一个人说道。

"对，就是他们让着你！"大家异口同声地说。

"没有，他确实是赢了，我们两个都是尽到了最大的努力。"两位冠军满脸诚恳地说。

周围的人对此都感到十分奇怪。

思索提问

你知道这是为什么吗？

答案

其实，道理很简单。他和羽毛球冠军下的是象棋，和象棋冠军打的是羽毛球。只是我们被惯性思维蒙蔽了自己的眼睛而已。

7 剪断的绳子

有一天，小明和灵灵做了一个十分有趣的游戏。他拿了一根细长的绳子，然后对折一次，中间剪开；对折2次后也从中间剪开；对折3次后还是从中间剪开。

这样，反复几次后，你发现了什么有趣的规律没有？

思索提问

依照这个规律，对折七次后，绳子成了几段呢？

答案

将这根细绳子对折1次后，绳子变成了3段；对折2次后，绳子变成了5段；对折3次后，绳子变成了9段。

通过这三次对折，会发现这样一个规律：折几次就是几个2连乘然后加1，这样计算出来的结果就是绳子的段数。

那么，对折7次后绳子的段数就是：7个2连乘再加上1即129段。

8 放学后蜗牛的讨论

在一个夏天下午,刚刚下过一场雨,天气不是那么的热,放学回到家的姐弟俩菁菁和乐乐都在家门口玩耍,突然,乐乐朝不远处的菁菁喊道:"姐姐,快来看啊!这里有一只蜗牛!"菁菁很快就跑到了乐乐的身旁,两个人就在那里观察了起来。

只见这只小小的蜗牛,一点也不觉得累,一个劲儿地爬呀爬。

这时,邻居冬冬也来玩了,只见他拿出一张纸,把纸放到了蜗牛前进的方向,这张纸有个薄窄的棱角。"我倒要看看你怎么爬,你这只小蜗牛,难道你还能从这张纸的一面爬到另一面不成?"冬冬说道。

三个小朋友在讨论这个问题,怎样才能从一张纸的一面爬到另一面呢?他们看着眼前的这张纸,有些苦恼。"嘿嘿,这张纸有两个面和一个薄窄的棱角,不管用什么方法,小蜗牛都不可能在这个棱角上前行。"菁菁说。

只见乐乐在纸上做了一个小小的动作,这样一来,小蜗牛便成功地通过了。

思索提问

那么,请你想一下,乐乐究竟在纸上做了一个什么样的小动作呢?

答案

原来,要让小蜗牛顺利地从一张纸的一面爬到另一面,只需将纸的一端轻轻向外卷出一个小弧度,然后紧挨着纸的一面,这样小蜗牛就可以很容易地爬到另一面了。

9 用火柴变魔法

课间的时候,同学们都到教室外面活动去了,有的捉迷藏,有的跳绳,有的下棋,有的猜谜语,总之,同学们在以各种方式享受着这课间美好的时光。

在操场边的一个角落里,有几个学生蹲在那里不知道在干什么。只见他们都低着头,很少有人说话,这几个同学所在班级的班长看了之后,觉得有些怪。走近一看,原来地上摆了一个由12根火柴拼成的"田"字,大家在思考如何把其中的3根火柴挪动一下,将这个"田"字改成一个"品"字。"嘿嘿,你们原来在'变魔法'啊,怎么变啊?"这位班长俏皮地问道。

此时,恰好一个女同学伸出了手,只见她稍微挪动了3根火柴,那"魔法"就成功了。

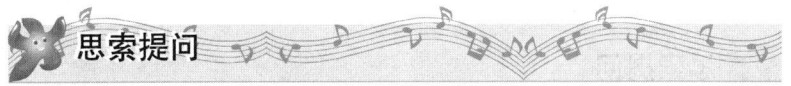

思索提问

你能猜出那位女同学是如何将"田"字变成"品"字的吗?

答案

原来,那位同学只要将"田"字右上角的两根火柴移到左下角的外侧,然后再将原"田"字左底边上的那根火柴移动到左下角的外侧,这样一来,"田"字就变成了"品"字!其实,将"田"字左上角的两根火柴移到右下角的外侧,然后再将原"田"字右底边上的那根火柴移动到右下角的外侧,也可以将"田"字就变成"品"字!

10 扩建的游泳池

炎热的夏季来临了,朵朵家院子里的游泳池又可以发挥作用了。朵朵经常在游泳池里游泳。游泳池的形状是正方形的,并且在游泳池的4个角上还栽种了4棵树。有的时候可以在树的下面纳凉。

一天,正在朵朵游得很尽兴的时候,朵朵的爸爸来到游泳池旁边对她说:"我想扩建这个游泳池,使它的面积增加一倍,但是必须保持正方形的外观,而且树的位置也不能动,你来帮我想想,究竟该怎么做呢?"听了爸爸的话,朵朵心里十分高兴,但又有点愁眉不展,因为她得给爸爸出主意。这时她也不游泳了,坐在有树荫的地方,静静地思考了起来。这几天她都到游泳池想办法,但是一直没有结果。

最后,朵朵还真的帮爸爸想出了一个主意,爸爸听后,说朵朵的主意很不错。

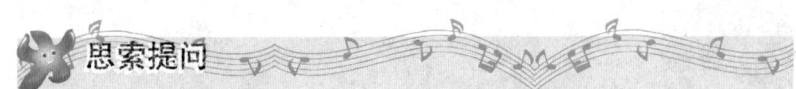

思索提问

你知道朵朵出了一个什么样的主意吗?

答案

以4棵树所在的位置分别作为新的正方形游泳池的四个边的中点,这样扩建之后的游泳池,面积就比原来的增加了一倍。

11 切煎饼

张师傅是一个烙煎饼的。有一次,顾客说家里来了很多客人,所以他想请张师傅尽最大努力把一张大煎饼切成8块,但只能切3刀。结果张师傅真的用3刀就把顾客的要求给满足了。你知道张师傅是怎么切的吗?

思索提问

你知道张师傅是怎么切的吗?

答案

先横一刀,竖一刀将煎饼分成4块,再将4块煎饼叠起来,第3刀把它们一分为二,就成了8块。

12 用鸭帮顶债

老陈向财主借了钱，做起了买卖，但是由于种种原因，买卖赔了，而且赔得很惨。此时的老陈正愁眉苦脸地坐在离家不远的土岗山，面对着远处的池塘，出神地望着。正在此时，财主走了过来，嬉皮笑脸地招呼他说："你好啊，呵呵，聪明的老陈，我知道你现在阔起来了，还养起鸭帮呢！"老陈抬头一看，远处的池塘里果真有一大群鸭在池塘里嬉戏，就顺水推舟说："债务还不起啊，我老陈也没有别的办法呀！"财主摸着胡须，似乎已经有了他自己的主意。他对老陈说道："这样吧，老陈，你就用你的鸭帮顶了债吧，我再给你点跑腿钱，好吗？"

"老爷，"老陈回答说，"这办法倒是很好，不过你可不要后悔哟。"财主高兴地说："那当然，那当然！"老陈说："这群鸭和我混熟了，听到主人的声音，它们就像孩子跟着母亲妈妈一样地跟着我。所以你得等我翻过前面那道山冈，再请你把鸭赶回家去。"

财主想着这群鸭帮不一会儿就将是自己的财产了，心里美滋滋的，连声答应："这个容易，这个容易！好啦，祝你一切如意，聪明的老陈！""你也不会倒霉的，老爷。"老陈迈开阔步走了。

不一会儿，财主望着老陈过了山冈，就兴冲冲地拿来竹竿，向池塘奔去。可是他却连一只鸭子也没有赶到。

思索提问

试问，这究竟是怎么一回事呢？

原来是一群野鸭！

13 我们走，月亮也跟着走

夏日的一个晚上，爷爷带着小雅来到小区的花园里乘凉。祖孙两人，趁着那皎洁的月光，一边散步，一边聊天。

小雅时不时向爷爷讲一些开心而有趣的话题，但有的时候也会问爷爷许多的"为什么"。突然，小雅一会儿边走边抬头看夜空，一会儿又停止脚步看着夜空，这样反复了好几次。爷爷对此感到很惊讶，忙问道："小雅你在干什么呢？"

"爷爷，我发现，我走，月亮也跟着走。"小雅说。

爷爷笑着说："我走，月亮也跟着我走呢。"

"我们走，月亮也跟着走，这是为什么呢？"小雅又问。

紧接着，爷爷就对小雅讲了这其中的原因。小雅这下子可乐坏了。因为这个晚上她又有了新发现、新收获。

思索提问

请问你知道"我们走，月亮也跟着走"的原因吗？

答案

人的视野是有一定极限的。走路的时候，距离我们很近的东西，我们走过了它，它很快就从我们眼前消失了；而那些距

离我们很远的东西，走了老半天也仍然可以看得清楚。因为月亮离我们很远很远，所以我们一面看着月亮，一面走路，就会觉得月亮也会跟着我们走。

14 聪明的秀才

有这么一天，明代画家唐伯虎画了一张水墨画，决定把这幅画出手，于是他就来到了在杭州西湖畔，将这张水墨画挂了起来。

这张水墨画画的是一条浑身长满黑毛的狗。画的右边有这样一个说明：此画系谜语画，打一字。有买者付银三十两，猜中者一分钱不要，赠送此画。画一挂出，便吸引了许多游人和过客。人们你一言我一语七嘴八舌地猜着，好半天也没有一个结果。就在这个时候，不知道从哪儿来了个秀才，只见他站在画前，品鉴了一番，随后，他二话没说，取下画就走了。人们看到这个秀才如此的举动，感到十分惊讶，便上前问道："你买这张画吗？"秀才摇摇头。"那你猜中这张画中的谜了？"秀才点点头。唐伯虎说道："请说出谜底是什么？"秀才还是一声不吭。唐伯虎又连续问了三声，秀才还是一个字也不回答，拿着画就直接自顾走了。唐伯虎望着秀才的背影哈哈一笑："猜中了！猜中了！"说完之后，他便扬长而去。

思索提问

请问，这张谜语画的谜底是什么？秀才为什么一声不吭地拿着画走了？

答案

是个"默"字。黑狗,即为黑犬,故只要你直接拿走,这幅画就是你的。

15 凶器哪儿去了

史蒂夫·哈德利经营了一家大公司,但由于某种原因,公司已濒临破产,此事已经被报纸披露。但是,此消息刚被报纸刊登,史蒂夫·哈德利就突然失踪了。

三天以后,有人发现史蒂夫·哈德利在郊外的别墅中死去。警方接到报警后,立即赶往事发现场。经过仔细的勘查,警方认为史蒂夫·哈德利是被刀片割断喉咙而死。同时发现,史蒂夫·哈德利死前曾经购买了巨额的人寿保险。保险条文规定:如果史蒂夫·哈德利死于意外或谋杀,皆可获得大笔的保险金,受益人是他的太太。如果他是自杀,则不能获得保险金。经过周密的调查,警方有充分的理由证实,史蒂夫·哈德利是自杀的,而不是被杀。但令警方感到十分不解的是,在现场根本没有找到他自杀时所用的刀片,而仅仅只发现了一些小鸟的羽毛。

通常来说按照常理,一个人自杀后是根本没办法将把刀片藏起来或扔到别处的,但史蒂夫·哈德利却做到了。很显然,他的目的就在于制造自己是他杀的假象,以骗取巨额保险金。

试问,史蒂夫·哈德利自杀用的凶器究竟到哪里去了呢?

答案

原来,史蒂夫·哈德利把刀片绑在了小鸟的脚上,他自杀后小鸟带着刀片从窗口飞了出去。

第三章

易趣奇谈

——侦探法眼

所有孩子都希望自己有一双小侦探一样的法眼,而这法眼中是充满智慧的。我们常常被当前的假象蒙蔽,不知道自己应该怎么做,这时候不如静下来细心地观察,反复地思量,认真地思考,将一切相关事物相互联系,说不定就能找到真正的答案了。这个世界是一个神奇的世界,带着发现的眼光去生活,去判断,拥有智慧的人总会赢得最后的胜利。以小侦探的视野去分析问题,无关年龄,你就能成为最聪明的办案小专家。

1 不打自招的凶手

有一天晚上，侦探小说作家王先生正在家里写小说，却突然被人用棒球棒打晕了。当时，书桌上的一盏台灯亮着，窗户紧闭。

报案的是住在对面公寓里的丁某。当警方火速赶到现场后，警方要求丁某对他所知道的事情进行详细的陈述。他对警方所做的说明是这样的："当我向外看时，偶然间发现王先生书房的窗口有一个影子高举着木棍，当时我就感觉到不妙了，所以急忙给你们打电话。"

但有一个聪明的刑警听了此话之后却说："你说谎！你就是凶手！别装了！"说罢便将丁某逮捕归案。

思索提问

你知道聪明的刑警是如何判断出丁某在说谎的吗？说谎的证据在哪里？

答案

影子是不可能出现在窗口的。丁某说"窗口有一个高举木棍的影子"这是谎言。因为桌上灯的位置是被害人与窗口之间的位置，根本不可能把站在被害人背后的凶手的影子照在窗子上面。

2 经验丰富的警长

在一个非常大的森林公园的深处，有人发现了一辆劳斯莱斯牌的高级敞篷车，车上有少量的树叶，穿着一身名牌饰服的中年人死在了车里。接到报案之后，警方火速赶到现场，并立即对现场进行了封锁。

"有没有发现什么线索？"警长问。

"经法医推断，这个人大约已经死亡两天。我们没有发现他杀的迹象，在死者的手边有一个氰化钾小瓶，所以初步认定死者是自杀。"

"是否有发现第三者的脚印？"

"请你们大家再仔细搜查一下现场，一定要排除自杀的主观印象。因为这个人看上去不是自杀，而是他杀后被凶手移到这里的。估计凶手离开这里根本不到一个小时，他绝对会留下马脚的。"大家又开始仔细搜查，正如警长所讲的，果然发现了许多线索，在警方的追踪之下，当天便抓获了杀人犯。

思索提问

请仔细地想一想，问：警长为什么认定不是自杀，而是他杀，并且罪犯没有走远呢？

答案

原来，警长是从落叶上开始分析的。假如车子在森林中已经停放了两天，车内尸体上一定会堆满树叶；如果车上落叶很少或是基本没有，证明车子放到森林中的时间根本没那么长。凶手罪犯后只能步行离开，如果是这样的话凶手在大森林里是很容易留下脚印的。既然是步行离开，当时也很难走得太远。

3 多此一举，弄巧成拙

有一天，有一个人想独自摇着帆船出游。在回来的途中，他的那艘帆船几乎呈现完全静止的状态。因为当时天气十分酷热，而且连一丝微风都没有。他望了一眼那无风的茫茫的大海，就如同泄了气的皮球一样，只好躺在了帆船之中，仰望着蓝天和白云，因为此时的他已经独自摇着帆船很久了，这时也已经精疲力竭了。

突然，他灵机一动，就在帆船后方甲板上架设一个大型送风机，然后再利用发电机来驱动风扇，让大风一直往帆的方向吹送。

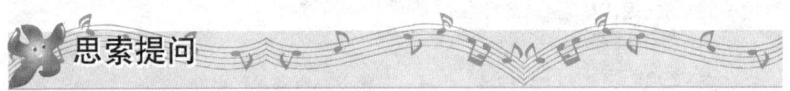

思索提问

请问，在这样的情况之下，这艘帆船会产生怎样的变化呢？
A. 向前行； B. 向后跑； C. 原地不动。

答案

B

刘太太的谎言

　　一个寒冷的冬夜,大雪纷飞,李警官接到了自己所负责的辖区里的一个报警电话,刘太太报警说她的丈夫被人杀死了,于是,李警官火速赶到了王太太的家中。当李警官一踏进王太太的家门,就感觉到屋里很暖和,他脱下了自己的大衣和围巾,接着就开始询问案情。刘太太依然穿着睡衣,一脸惊恐的样子,说自己在半夜两点多的时候,突然醒来,发现自己的丈夫被杀死在了客厅里,而当时客厅的窗户是开着的,不知道是谁将自己的丈夫杀死了。

　　李警官仔细查看了现场之后,面带微笑地说:"在刑警队的人到来之前,将你的作案经过详细地说一遍吧。"刘太太听罢,心里觉得十分惊慌,沉默了一会儿,就开始向李警官陈述自己杀害丈夫的经过了。

思索提问

李警官是怎么发现刘太太是杀人凶手的呢?

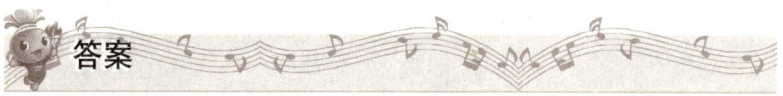

答案

　　李警官接到报警后来到刘太太家,他发现刘太太家很暖和。如果是有人将刘先生杀害后逃跑,那么在寒冷的冬夜,开着窗的屋子温度会很快下降的,不会这么暖和。所以,根本不可能有外人进入他们家杀人,凶手最大的可能就是刘太太自己。

5 县太爷智断烟袋

清朝雍正年间,有一个很聪明的县太爷,他经常为百姓断案,并且秉公执法,深受当地百姓的爱戴。

有一天,张老汉与薛老汉各执着烟袋的一端来到衙门口。当县太爷问他们所为何事时,两位老汉一同将手中的烟袋递到县太爷的面前,都说那是自己家里的传家宝,可是却被对方偷了去,求县太爷给个明断。

站在县太爷旁边的师爷看了看烟袋,又看了看两位老汉,一时也理不出个头绪。

正不知道怎么办的时候,县太爷却灵机一动,立刻眉开眼笑,对两位老汉说:"这样吧,这管烟袋你们也别争了,本县要了。不过,本县不会抽,你们各自抽上几管,教教本县如何?请你们二位放心,本县会给你们银两的,到时候你们平分就是了!"

两位老汉都显得颇为无奈,但县太爷的话又不敢不听,只好各自抽了一管烟。张老汉抽烟的时候,为了把烟灰吹出来,就使劲地往地上磕了几下,将烟灰磕出来了;而薛老汉则是轻轻地用木片小心地将烟灰挑了出来。

当两位老汉依次抽过烟后,县太爷果断地将烟袋判给了轻挑烟灰的薛老汉。

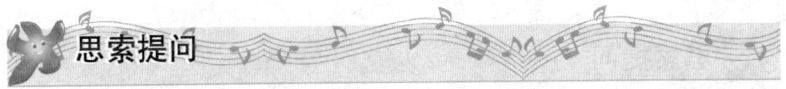

思索提问

你知道县太爷为什么把烟袋判给薛老汉吗?

答案

因为对于自己的东西,真正的主人会十分珍惜。所以,珍惜烟袋的人才是真正的主人!县太爷就把烟袋判给了薛老汉。

❻ 撒谎的报案者

在一个冬天的早晨,天空中正飘着小雪。有一个年轻男子惊慌地拨通了当地派出所的电话,向警察报案说他看到有一个女人在一辆轿车里自杀了。警察接到报案后,迅速赶往案发现场。发现一名女子坐在驾驶座上,已经气绝身亡了。一根长长的塑料管从汽车的排气管一直连到了汽车的舱内,此辆轿车的发动机舱盖上有一层雪,一边的玻璃已经破了。这名年轻男子说是他发现后将玻璃砸开,并将车子熄了火,他特别想救人,但却发现已经来不及了,于是就打电话报案了。警察仔细听了这名男子的讲述后,对现场进行了仔细详细的勘查,然后对这名男子说:"这名死者你认识吧,她根本不是在这里自杀的,而是你在别处将她杀害,之后,又将其移到了这里,你还是老实地跟我们回派出所吧!"听罢此言,男子吓得直哆嗦,倒地不起。

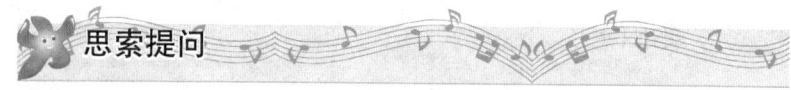

思索提问

请问警察是怎么看出这个年轻男子的破绽的呢?

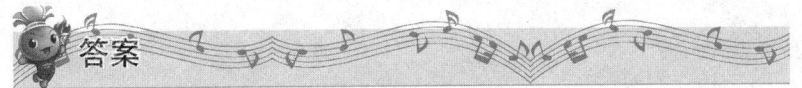

答案

其实这名年轻男子就是凶手，是他伪造了现场，但是他却忽略了那一辆轿车发动机盖上的雪。如果这名女子是在这辆车里自杀的，那么发动机一直运转着，发动机盖上面就根本不会有积雪。

7 撒谎的人是谁

有一天，吉姆先生下班之后，粗心的他将35000美元的现金落在了客厅的桌子上面。过了很长一段时间后，他才突然想起来，但等他走到客厅的桌子旁时，发现钱已经不见了。但是，此时家里除了自己外，只有他的两个孩子杰米凯琳和雷米凯莉，再没有其他人了。

于是，吉姆先生对两个孩子进行了询问。

杰米凯琳回答说："是的，我看见了。我把它放在了你房间，书桌上，用一本蓝黄皮书压着了。"

雷米凯莉回答说："是的，我也看见了。我把它夹在了蓝黄皮书的第211页和212页之间。"

汤姆吉姆听完两个孩子的话后，立刻就明白是谁撒了谎。

思索提问

撒谎的人是谁呢？你知道这其中的原因吗？

答案

撒谎的人是雷米凯莉。因为第211页和第212页是一页一张纸的正反面。

8 伪造的凶杀现场

某天晚上,由于天气的突变,位于海边的H市受到了台风和暴雨的袭击。

第二天早晨,一具男尸被发现于该市的某一公园内,浑身湿淋淋的,趴在地上。另外,在死者的旁边还有一顶帽子。除此之外,现场并没有留下任何其他的痕迹,根本没有找到任何一个目击证人。最后经法医验尸断定,死者死亡已经超过20个小时。负责此次案件的警官断定,这是个伪造的非凶杀现场,真正的凶杀现场并不在这里,因为死者是被人从其他地方搬来的。

思索提问

那么,这位警员是根据什么下的结论呢?

答案

其实,这个案件的破绽就在那顶帽子上。由于死者被发现的前一天晚上有台风刮过,因此,死者的帽子是根本不可能遗留在现场的。

9 制造假象的骗术

某天清晨,一具尸体被发现于一堵围墙外的大树下。警方在接到报案后,立刻前往现场。在现场,警方发现:死者赤着脚,且脚底板有几条从脚趾到脚跟的纵向的伤痕,伤痕处还有血迹,且旁边有一双拖鞋。

"死者本来是想爬树翻入围墙,因为不小心滑倒就突然摔死了。他极有可能是想行窃。"一名警察这样推断。但是老练的警长却说:"绝对不是这么回事,这个人根本不是从树上摔下来的,而是被人杀死以后故意放这里的,凶手这样做,是为了制造一个不慎摔死的假象。这只不过是凶手的一个骗术而已。"

思索提问

警长为什么这样说理由是什么呢?

答案

因为死者脚底板上有几条伤痕是从脚趾到脚跟的,是纵向的伤痕,如果他只是爬树时从树上摔下来,他的脚底板不可能会有纵向的伤痕。因为人在爬树的时候,会用双脚夹住树,如果脚底受伤,伤痕也只能是横向的。因此受害者死于他杀。

10 鱼缸里的热带鱼

冬天的一个早上,因为前天晚上刚刚下了一场大雪,天气显得格外的寒冷,气温也因此突然下降到了零下 6 摄氏度。一名刑警为了调查一位涉案的嫌疑犯,冒着冷飕飕的寒气来到了嫌疑犯的家里。

当刑警对嫌疑犯进行询问的时候,当问到有没有在昨天晚上 10 点半左右的不在现场的证明时,这个独身女人回答:"昨晚 9 点钟左右,我那台旧冰箱发生了故障,造成短路停了电。因为我对有关电的知识一窍不通,所以自己没法修,就吃了片安眠药睡了。直到今天早上,也就是刚才不到 20 分钟之前,我给电工打了电话,他告诉我只要把大门口的电闸给合上去就会有电了。"

刑警听完这名女嫌疑犯的回答之后,他认真地观察着四周的环境,有了一个意外的发现:热带鱼在室内的玻璃鱼缸里欢快地游着。一看到这种情况,他就断定嫌疑人在说谎。这个女人的谎言被他一眼识破了。

思索提问

那么,刑警究竟发现了什么呢?

答案

因为玻璃鱼缸里养的是热带鱼,而且看样子游得很欢。在下大雪的夜里,如果真的停了一夜的电,热带鱼鱼缸里的自控

温度调节器也就断了电,到了第二天的清晨,鱼缸里的水已经很凉了,热带鱼早应该被冻死了。

11 一杯加冰的威士忌

杰夫和马可是同父异母的兄弟,最近因为财产的继承问题起了纠纷,闹得不可开交。

一天晚上,弟弟马可来到了哥哥杰夫经营的酒吧,主要还想解决财产继承的纠纷问题。当马可进到酒吧里不久,杰夫就调了一杯加冰块的威士忌给他。但是马可不敢喝,怕他在里做有什么手脚。

"弟弟,我好意请你喝酒,你却怀疑我下毒?既然你怀疑,那么我先喝。"

杰夫说完,随即把酒喝了半杯,然后说:"这下你可以放心了吧!"

于是,弟弟马可不再拒绝,便慢慢地喝这剩下的半杯酒。但是,酒一喝完,马可就觉得不舒服了,没多久就倒地而死。

等到侦探警长赶到现场,在勘察完现场,问明具体情况后,很快就判断出是哥哥杰夫在酒中下毒谋杀弟弟马可的。但是,现场的许多工作人员和客人都证明,哥哥杰夫确实喝了弟弟马可杯中的半杯威士忌。但是侦探还是断定哥哥杰夫是凶手,听到这个结论,大家都感到十分的疑惑。

思索提问

你知道侦探警长是如何进行分析的吗?

答案

原来，杰夫把毒包在了冰块的里面，当杰夫喝那杯酒的时候，冰块还没有融化，所以毒液没有渗透到酒中，当马可慢慢喝完酒的时候，毒则早已混在酒液里了。

12 谁是真凶

某名男子在杀人之后便逃之夭夭。警察紧急地赶到现场，根据目击者提供的线索，在一家宾馆里发现了一名嫌疑犯。这名嫌疑犯是一个小伙子，可他说自己一直在这儿，吃饭后，就在这里看电视，从来没有离开过宾馆。宾馆经理和周围的人都为他作证，证实了他的说法。可目击者却确认，从相貌和衣着上看，这小伙子就是那个作案者。后来，警察化验了凶手留下来的指纹，发现这个小伙子的指纹与凶手的指纹明显不符。

一名警官忽然想到了什么，于是，他赶紧和另外一名警察一同去查了这名小伙子的户口簿。果真验证了他的推断，根据这个线索，很顺利就把凶手抓到了，并且证明真凶确实不是宾馆里的这名小伙子。

思索提问

请你仔细想一想：警探是如何找到真凶的呢？

答案

警察猜想，这个小伙子跟嫌疑犯很可能是孪生兄弟，找户口簿一看，果真如此。因此，他们很快将真凶抓获了。

13 特制的弹头为何不见了

一天晚上，一声枪响之后，富翁甲死在了别墅的花园里。警方接到报警之后，火速赶往现场，经过周密细致的现场勘查，发现这名富翁的胸口有一处伤痕，一看就是被子弹射中造成的。之后法医对死者进行了解剖，发现子弹直接击中了心脏，伤口有10厘米深。但是，令人赶到奇怪的是凶手行凶的弹头却不见了。

警方推断，凶手是一名职业杀手。这名杀手为了使自己杀人后不留下任何线索，采用了一种特制弹头，这种弹头射进人体后会自动消失，不容易被警方发现。

思索提问

你知道这种特制的弹头是用什么做的吗？

答案

原来，这名职业杀手使用的是与死者同血型的血液，经过快速冷冻成固体后做成了弹头。这种弹头射入人体后，会受体温影响而解冻融化成血液，使弹头自动消失。

14 电梯内的凶杀案

　　李刚是一位著名的画家，他的画很值钱，但是他的画绝大部分都不卖，只送给朋友或慈善机构。让人感到十分遗憾的是，曾经一场意外的车祸发生在他身上，他只能以轮椅代步。

　　李刚的住宅是一幢五层楼高的独立洋房。为了方便，他请人安装了专用电梯。正好近来他的弟弟李强失业了，于是李刚就叫弟弟来做自己的助手，同时也可以照顾自己的起居。兄弟二人相处得十分融洽。

　　有一天，李刚的同学林方来探望他。林方也是一个坐轮椅的残疾人，他这次和慈善机构的钟先生一起，准备与李刚商讨一下是否可以资助一家孤儿院的事情。

　　当林方和朱先生进门时，李强主动地接待了他们，请他们在楼下大厅坐下后，李强就用对讲机与楼上的李刚通话，要求带客人上五楼的画室，但李刚坚持要下楼与客人见面。

　　电梯在四楼停了一下，之后就下来了。电梯到一楼后门自动开了。令所有人惊讶的，李刚竟然死在狭窄的电梯内；他的后颈被一把锐利的短剑刺穿，在短剑的剑柄上系着一条粗的橡胶绳子。

　　李强慌忙走进电梯，把李刚的尸体和轮椅一起推出来，为他把了一下脉，脉搏已经停止了跳动。

　　"奇怪，难道四楼的画室还有其他人？"

　　"除了电梯之外，还有没有步行梯或其他的太平梯？"林方及钟先生着急地询问李强。

　　"嗯，还有一个紧急备用的回旋梯，如果凶手真的在楼上，那么要逮捕他，是件非常容易的事情，就如同探囊取物了。"

"那么我们现在立刻分成两路来进行搜查。"

坐轮椅的林方乘电梯上去，到了四楼，一个人影也没看见。他溜了一眼李刚的画室，图画零乱地散在地上，就在这时，李强也气喘呼呼地从回旋梯上来了。

钟先生利用画室的电话通知了警察，随后也跟着李强钻入电梯的纵洞内。过了一会儿，只有他一个人从里头钻了出来，手脚、裤子都沾满了灰尘。

案发现场的四楼画室里，窗子都镶上了铁窗，所以凶手根本没办法从窗口逃出。李刚是坐电梯下楼时遇害的，电梯由四楼到一楼，根本没有停下过，凶手不可能避开三个人的视线逃走。

这时候，林方忽然想到，他刚才乘坐电梯时，看到电梯的顶板上有一个气孔。他好像突然明白了什么，悄悄地对钟先生讲了几句话。

"哦，原来是这个样子，我也明白了。原来凶手就是李强。他在我们来访之前，就先做好了手脚，待会儿警察来了之后，你我就把他逮住交给警方。"钟先生低声说道。

思索提问

你知道是怎么确定李强就是杀死李刚的凶手的么？

答案

原来林方在乘电梯上四楼时，就看穿了李强的计谋。在短剑的柄上，连接了一条绳子然后拉到电梯的换气孔；而橡胶绳子是系在电梯顶端的操纵孔上的。当四楼的李刚乘坐电梯下楼时，橡胶绳子就会随着电梯的下降而伸长，当它的长度无法与电梯的长度成正比时，橡胶绳子就会断掉，因为它有反弹力的缘故，短剑就会像弓箭般坠下，刺到了坐在轮椅上的李刚。

在专用电梯内，坐轮椅的李刚画家经常都是坐在同样的位置上，所以短剑下落的方向，凶手是可以把握的。而李刚坐电梯时很少往上看，所以，根本没有注意换气孔的短剑。

15 偷窃珠宝的人

最近，某市举办了一次大型的珠宝展览，许多珠宝商人都带着自己的珠宝来参展，他们琳琅满目的珠宝，也吸引了很多的参观者，放眼望去，整个展区人山人海。

突然，一个男子快步走到装有一粒价值连城的钻石展柜前，抡起锤子一敲，玻璃"哗啦"一下破碎开来，男子迅速抢出钻石，趁着混乱逃跑了。

警方接到展区报警后，迅速在第一时间赶到现场，珠宝商哭诉道："柜子是防盗公司特质的，玻璃也是一种特殊的材料，别说锤子，就是子弹打上去也是穿不透的！"

经过警方的严密调查，证实破碎的玻璃的确是特殊材质的防盗玻璃。警方百思不得其解，于是向名探艾伯特·哈莱金请教。哈莱金略一思索，便根据防盗玻璃的特性，指出了盗窃的罪犯。

思索提问

你能猜出真正的罪犯是谁吗？为什么？

答案

其实，真正的罪犯就是制作防盗玻璃柜的直接经手人。因为防盗玻璃整体难以毁坏，但是，假如在玻璃上做一些小动作，有一些细微的小缺陷，用锤子在那里一击，玻璃就会破碎。知道真实情况的，只有制作防盗玻璃柜的经手人，所以他肯定是罪犯。

16 一把扇子

老家在重庆的张茂盛，在外做生意很久都没有回家，家里只剩下一个妻子。令人没有想到的是，四月的一天晚上，张茂盛的妻子晚上一个人在家时被盗贼杀死了。那天晚上下着小雨，人们在泥里拾到了一把扇子，上面的题词是王名赠给王槐的。

王名是谁没人知道，但王槐，人们都认识，平时言行举止很不庄重，于是很多乡里的人都觉得他是杀人凶手。人们把他拘捕到公堂上，严刑拷打之下，他也承认是自己犯下的罪。

案子已经定了，县令准备依法办事。这一天，他偶然和夫人提起此事，夫人听了笑着对他说："这个案子判错了。"于是，说出了一番话……

县令听后果然心服口服，凭此找到了罪犯，帮万马王槐平了反，之后这个案子终于真相大白。

思索提问

为什么县令的夫人说县令判错案了呢？

答案

妻子被杀是在四月,那天夜里下着雨,天气还是微寒的,所以不需要扇子,哪里有在杀人的时候还带把扇子的?明显是为了嫁祸于人。

17 借无赖的刀断案

有一天,县衙接到报案,有人来报说野外有一个重伤而死的人,于是,县令立刻派人去验证,只见死者被镰刀伤了十几处,但是死者的衣服、鞋子都在,随身携带的零碎钱物也都在。县令据此断定说:"这是仇杀案。"于是,县令派人将找来死者的妻子,秘密问她:"你的丈夫平时有仇人吗?"妇人想了很久说:"没有,只是有一个无赖,名叫李二,不久前,他前来借债,我们没借给他,他愤恨地走了。"

随后,县令立即又派人通知死者所在村子及邻村的人,都拿上各自的镰刀来验证,隐匿不报的,就按凶手处置。不一会儿,附近村子里的人都拿着镰刀来了,大概有一百多把。当时正是盛夏,县令仔细查看了一会儿,忽然指着一把镰刀,问这把是谁的?人群中走出来的正是借债未遂的无赖李二。县令问:"你为何杀人?"此时的无赖李二无言以对。

思索提问

县令是怎么知道无赖李二是罪犯的?

答案

因为无赖李二的镰刀上趴满了苍蝇。镰刀是用来割稻子的,在炎热的盛夏,如果镰刀洁净无油腻,无腥臭味,苍蝇是根本不会聚集在镰刀上面的;现在别人的镰刀都没有苍蝇,只有无赖李二的镰刀上面有苍蝇。这就是他杀过人的证据。

18 女明星项链失窃案

一天夜里,伯爵夫人举行了一个小型的舞会,地点就设在她的别墅。大侦探彼得保罗也应邀参加。

伯爵夫人养了一条白色的哈巴狗,她非常宠爱她的哈巴狗,经常把它抱在膝上抚弄。

这天晚上,伯爵夫人一边抚弄她的爱犬,一边和四位女士聊天。话题是电影女明星安妮凯琳的珍珠项链。这串项链是前埃及女王的饰物,十分名贵。

她们聊得非常尽兴的时候,只见在座的安妮凯琳解下项链,放在桌子上,得意地让大家观看。就在这时,突然停了电,室内漆黑黑的一片。

一分钟之后,灯光再度亮起。众人也正感到十分的正感惊讶,安妮凯琳忽然大叫起来:"哎呀!我的项链不见了。"

大家一看,果然停电时放在桌上的珍珠项链不翼而飞。"想来,项链必定是在刚才停电时,被人偷去的。当时,男士们正在隔壁打桥牌,因此只有我们围桌而坐的五人嫌疑最大。不过,安妮凯琳是失主,项链当然不是她偷的,所以嫌疑犯就剩下我们四个了。"伯爵夫人边说边盯着那

43位女士,"与其互相猜疑,倒不如我们都让安妮凯琳搜身。"伯爵夫人建议说。

安妮凯琳非常仔细地搜了她们四位的身,但是,一无所获。

打桥牌的男士们闻讯后,立刻赶来帮助安妮凯琳寻找,可连项链的影子也没有看到。正当众人对此事都疑惑难解时,大侦探彼得保罗却在细心地观察着室内的一切。他发现所有窗户都上了锁,那么窃贼是根本不可能在一分钟内把窗户打开,将项链掷出去的。同时,在停电的时候,这些女士也都没有离开桌边一步。彼得保罗稍微沉思了一会儿,就心里有了数,当安妮凯琳要去报警时,他说:"不用了,我知道窃贼是谁了。"

思索提问

你能猜出窃贼是谁吗?

答案

窃贼就是伯爵夫人。她趁停电的一分钟时间,把项链偷去,并将其塞入哈巴狗的毛内。由于哈巴狗的毛很长,并且狗毛又是白色的,所以就成为隐藏珍珠项链的最佳"处所"了。

第四章

聪明绝顶

——慧心推理

　　人生就是一个推理的过程,不管结果如何,我们都可以从中收获很多。每件事情都与某件事情有联系,聪明的人会将观察到的一切进行巧妙的链接,从而做出自己最正确的选择和判断。所以我们每个人都应该学会智慧的推理,走一步看十步。很多事情都是有先兆的,假如你推理正确,往往会有意外的惊喜发生,即便没有,也可以规避很多不必要的风险。

 一模一样的试卷

有一次,某班进行了一场数学考试,这场考试是绝对不允许考生有任何作弊情况的,结果居然出现了两份一模一样的答卷。

思索提问

如果这不是一种偶然现象,你认为这种现象会在什么样的情况下会出现呢?

答案

在这两位考生都交了白卷的情况下发生。

2 犯了什么错误的年轻人

有一位学哲学的年轻人毕业后回到了自己的家乡,父母甚是欢喜。父亲把家里的鸡杀了,给他准备了一桌丰盛的饭菜。吃饭的时候,父亲问年轻人:

"你学的什么?"

"哲学。"

"学这个有什么用呢?"

"学习哲学,看问题与别人就不一样。比如,拿咱们桌子上的这只鸡来说,看起是一只,实际上是两只。除了一只具体

的鸡以外,还有一只是抽象的鸡。"

思索提问

请回,这位年轻人回答问题时犯了什么错误?

答案

他把具体和抽象二者对立了起来。他不知道抽象的东西就包含在具体的东西里面。

3 轮胎不见了

一辆小汽车有4个车胎,每个轮胎由4个大螺丝固定在轴上。一天早上,皮特发现他小汽车的一只车胎被小偷偷走了,当然连4个螺丝也拿走了,不过有一点令皮特欣慰的是,车内还有一只备用车胎,皮特想了一个办法,将小汽车安全地开到了附近的修车汽修厂。

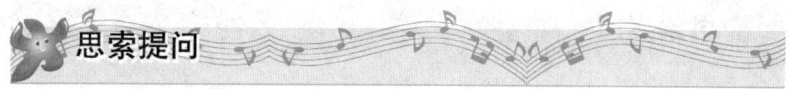
思索提问

皮特是怎么将小汽车安全地开到附近的修车厂的呢?你知道他用的是什么办法吗?

答案

皮特从其他3个轮胎上各取下1个螺丝，安在备用轮胎的车胎上，并将其安装好。

4 什么绝妙的答案

有一天，小月刚刚放学到家，看到母亲手里拿了一叠厚厚的钞票。小月一直盯着她手中的钞票。因为她最近特别想买一个学习机。母亲一看女儿的眼神就读懂了她的心思。因为小月已经向她要求过好几次了，可是，小月已经有了一个学习机，只是小月觉得有点旧，母亲认为这是浪费行为，所以一直也没有答应小月的要求。于是，母亲对小月说："这里有一千元钱，如果你猜得出妈妈在想什么，这些钱就给你。"小月一听，非常想得到这一千元钱，于是绞尽脑汁，想出了一个绝妙的答案，母亲听到后，说了一声"对"，便不得不把一千元钱交给小月。

思索提问

请问，这个绝妙的答案是什么呢？

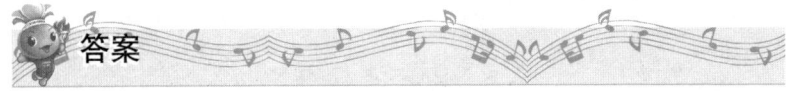

答案

小月的答案："妈妈不想给我这一千元钱，对不对？"为什么这个答案妙呢？因为如果这个答案猜对了，原本说好"猜

对了就给一千元钱",所以母亲理所当然要给小月一千元钱;万一这句话没有猜对,就表示"妈妈想给我一千元钱",母亲还是要给小月一千元钱。总之,有了这个答案,一千元钱是给定了。

5 如何开始三个人的游戏

在一次课外活动的时候,同学们玩起了一个非常新鲜的游戏。三个人为一组,一个人被蒙住眼睛,第一个人被贴住嘴巴,第三个人则被塞住耳朵,然后开始玩游戏。但是在开始做游戏之前,他们就面临了一个问题,即不知如何开始这个游戏。如果用喊的方式,塞住耳朵的人听不见;如果用摇旗子的方式,眼睛蒙住的人又没办法看见。

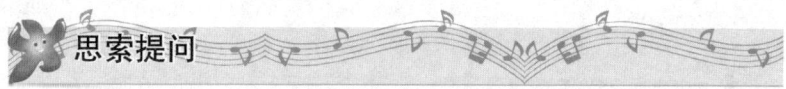

思索提问

那么,采用什么样的方法才能让三个人都知道游戏开始了呢?

答案

一边喊"开始"的口号,一边同时拍打三个人,这个方法是最容易达到目的的。人类的五官当中,如果丧失了视觉和听觉,最好的代替方法就是利用触觉。利用触觉是本题的最佳解答。

6 小男孩的暗示

古时候，有一个小男孩跟随父亲一同出去办事，途中住在一家旅店里。令父子两人没有想到的是，到了夜深人静的时候，一个强盗持刀闯进了他们的房间，并用刀逼迫小男孩交出所有的财物，否则他就伤人。

就在这个时候，打更的梆子声从远处传来，而且由远及近。心虚的强盗就催促假装在找东西的小男孩赶快交出财物。小男孩却告诉强盗，如果着急的话，就必须允许自己点亮灯来找。于是，就在打更的梆子声在房间的门外响起的时候，小男孩点亮了灯，并把父亲藏在枕头下面的钱交给了强盗。可就在这个时候，门外的更夫突然大声地发出了"抓强盗"的喊叫声。很快，人们就冲进了房间，抓住了还来不及跑掉的强盗。

思索提问

小男孩是怎样给走过门外的更夫发信号的呢？

答案

原来小男孩特意将点亮灯的时间选在更夫走到屋子门外的时候，这样一来，强盗拿着刀的影子就能很清晰地映在了窗户上，这就给更夫提供了一个最好的暗示，所以更夫就能很清楚地知道屋子里有强盗了。

7 反应迅速的演员

眼看春节就要来临了，于是，某村委会组织了一次文艺演出，演员都是从广大村民中选出来的，并进行了排练。打算在春节期间进行演出，以此来丰富村民们的文化生活。

村民张三和李四也参与其中，并由两个人饰演剧中的一对邻居。

没想到的是，在演出之前，张三和李四闹了一点儿不愉快，所以，张三想趁着演出的时候给李四点颜色看看。于是，当他应该按照剧情将一份写有台词的纸交给李四来念的时候，就悄悄地将这张纸换成了白纸，并在演出的时候，装作若无其事交给了李四。这样一来，当李四发现这件事情的时候，想换也来不及了，而台下毫不知情的观众还等着李四来念台词。这该怎么办呢？结果这点小问题没有难倒李四，他急中生智，利用很短的时间就想出了对策，不仅使自己摆脱了尴尬，还惩罚了那个试图让自己出丑的张三。

思索提问

那么李四想了一个什么样的办法呢？

答案

原来，李四对张三说："这里的光线实在是太暗了，我的视力不好，还是请你代我来读吧。"说完这句话，就又把那张空白的纸塞回了张三的手里。

8 老爷爷报时的秘密

话说,有这样一位老爷爷,每年他都会在自家的田地种很多很多的西瓜。还会在路旁边搭起一个瓜棚,休息时候就在瓜棚里坐着,也方便人们来买西瓜。

老爷爷脾气很好,经常有过路的人向他问时间。无论他们买不买西瓜,他总是很快乐地帮助他们。可是神奇的是,每次别人向他问时间时,他只要两手扶着瓜棚下一只硕大的葫芦,眨眨眼睛,就能很快报出准确的时间。这只葫芦垂挂在瓜棚下,除了体积大点没有什么与众不同的地方。

思索提问

为什么老伯伯扶着那只葫芦就知道时间呢?

答案

原来,这只大葫芦挡住了远处时钟台上的大钟,老爷爷必须用手将葫芦稍稍推开,才能看到时间。

9 两支手电筒

探险家吉姆有一个很特别的嗜好,喜欢独自一人在荒野中露营,而且每到深夜的时候时,他离开帐篷走在荒野中,一定会准备两支手电筒。两支手电筒几乎成了他每次野外露营的必带品。

思索提问

为什么吉姆要带两支手电筒呢?

答案

原来,这两支手电筒,一支当然是吉姆走路时用来照射前方的,另一支则是开着灯放在帐蓬里,用作回来时指引方向的指示灯。

10 二傻赶路

　　有一个傻子,排行老二,因为脑袋比较笨,所以好多人都叫他二傻。有一天,二傻的父亲托人捎信回家,让二傻赶着马车去县城边上去接他。因为大儿子外出,几天之后才能回来。二傻的父亲心里想:让二傻来接我应该也没有问题。

　　二傻听说父亲让他赶着马车去接他,心里十分高兴。于是,在马车上套了一匹马便急急忙忙地赶路了,可是刚走了几里路,他却嫌速度太慢,又回家套了一匹马,谁知,在二傻套上这匹马以后,两匹马却怎么也拉不动这辆马车了。

思索提问

你知道这究竟是怎么回事吗?

答案

原来,二傻傻子在相反的方向又套了一匹马,两力抵消了。

11 左追?右追?追捕凶手

一天早晨,值班的警察小吴正在一条偏僻的路上巡逻,突然发现不远处有一个人倒在血泊中,于是急忙跑过去,发现这个人满身是血,但还有自我意识,他急忙将这人扶起来,这个人断断续续地说刚才有一个骑自行车的人捅他一刀,向那边逃走了。受害人向小吴指了指凶手逃走的方向。小吴委托路人打120,并看护这个伤者,自己急忙开车向凶手逃走的方向追去。

在追捕的途中,小吴跑到了一个岔路口,这两边都是上坡路,路面正在建设中,左边的那个路上有自行车轮碾过的痕迹,前后轮深浅一致。右边那条路上,也有自行车骑过的痕迹。小张小吴想了一下,就急忙开车向其中的一个方向追去,不久就发现了一个很可疑的骑车人。经过小吴的盘问,这个人有最大作案嫌疑,小吴将他带到公安局后,经过审问发现这个人就是凶手。

思索提问

小吴是顺着哪条路追下去的呢?

答案

小吴经过判断,发现此条路上是后轮的痕迹比前轮重。

12 陈旧的钟表报时

徐爷爷家有一个房间里摆放着一座比较老旧的钟表,因为这座钟表对他来说有着不寻常的意义,所以即使这座钟表上的指针已经全部掉落了,徐爷爷也不舍得把它扔掉。况且它还会准时报时呢!这座钟表每到整点,徐爷爷都会听到钟表敲钟报时的声音。

现在徐爷爷已经听到这座钟表当当地敲响了6下,原来已经是早上6点钟了。敲响6下时需要6秒钟。

思索提问

现在已经知道钟表敲响6下时需要6秒钟,那么,当12点时,要敲多长时间呢?

又需要多长时间,人们才能确知现在是7点钟?

答案

首先看已知条件,说的是钟敲6下用时6秒,但它中间间隔的是5次,所以,每次敲打时间间隔应该是1.2秒,而12点时要敲12下,中间间隔是11次,所以一共需要13.2秒。而钟不会敲响第13下,所以12点时不用加这个确认时间。

要想知道现在是 7 点，当钟敲完第 7 下时，因为只有在没有听到第 8 下的钟响时才能确定是 7 点，所以要多算 1.2 秒，即总共需要 8.4 秒才能确定是 7 点。

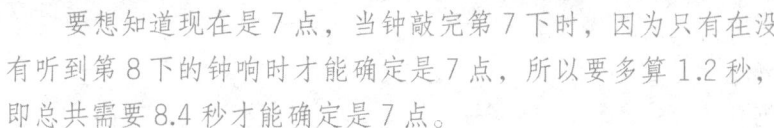

13 有破绽的请假条

冬日里的一天早晨，凛冽的北风呼呼地刮着，天气异常寒冷。虽然闹铃刚刚响过，但是当小刺猬听到那呼呼的风声时，依然懒洋洋地躺在被窝里不想起床。

小刺猬在想：今天要是周末就好了，我就可以不去上学了，除非……

小刺猬赶紧下床找了一支钢笔和一个本子，又嗖的一下钻进了被窝里。他觉得这样的天气实在是太冷了。只见小刺猬趴在床上写了一张请假条，说自己生病了，病得十分严重，便让班里的同学小猴子代交给了大象老师。

大象老师收到请假条后，打开一看，只见上面用钢笔写了满满的字，稍微思索了一会儿，就看出了请假条上的破绽，知道了小刺猬在说谎。

思索提问

请问，你知道大象老师是怎么发现请假条上的破绽的吗？

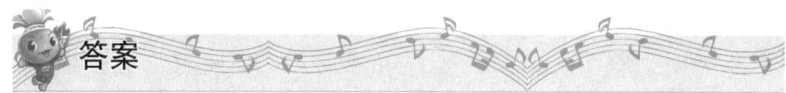

答案

由于小刺猬用的是钢笔写的请假条，而仰躺着写很快就会

写不出字来，因为钢笔里墨水无法向上流，更何况还是在非常寒冷的冬天，里面的墨水更不流畅。因此，大象老师知道了小刺猬在说谎。

14 示警信号

电视剧《小兵张嘎》大家都不会陌生，它是根据抗战时期一位名叫张嘎的少年成长为抗日英雄的事迹所改编的。这个机智勇敢、不怕牺牲的形象也深受大家的喜爱，他凭借自己的优势，帮助部队和乡亲们度过了很多难关。这里要说的就是他的一个故事。

张嘎刚参加游击队的时候，没人发给他武器，有的只有伙伴胖墩送的一串鞭炮。一天深夜，游击队战略转移来到了一个小村子。一到村子就开始帮助那里的乡亲埋藏粮食和财物。因为时间太急，人手又少，队长就派张嘎去放哨，到距离村子1000米外的小桥边站岗，以免鬼子半夜搞突然袭击。队长告诉张嘎："如果发现鬼子，马上以鞭炮为信号，立刻示警。"

接到这个任务后，张嘎很快来到了小桥边，把鞭炮挂在了距离地面不太高的树枝上，自己隐蔽在河边的芦苇丛中。由于连日行军，身体困乏，张嘎还是打起瞌睡来了。迷迷糊糊中，他突然听到小河的对岸有杂乱的脚步声。睁眼一看，糟了，鬼子果然来搞突然袭击了。他赶忙掏出火柴，抓住树枝，就要点火。谁知在慌乱之中，树枝在张嘎的手中一弹，把挂在树枝上面的鞭炮弹到了河里。这下子可全完了，眼看着敌人一步步地逼近，可警报却没办法发出去，即使大声喊叫，在1000米外的村里也听不到啊，怎么办？此时的张嘎急坏了！

就在这万分危急的时刻,小张嘎急中生智,想出了一个危险但却十分有效的示警方法,保证了游击队和乡亲们的安全。

思索提问

请问,你知道张嘎怎么示的警吗?

答案

张嘎故意把芦苇丛弄响,让敌人觉得附近有埋伏,由此来迫使敌人为了自卫而开枪,利用敌人的枪声给游击队的叔叔们示了警。

15 变短了的线

比尔巴是古印度的机智人物,他出生于一个十分贫穷的家庭。长大以后,凭着自己的智慧和勤奋当上了国王阿克巴的大臣。

有一天,国王阿克巴在纸上用笔画了一条线,随后对比尔巴说:"不许把这条线截断,但要把它变短,请吧!"这可是个难题,但却难不倒聪明机智的比尔巴,他不费吹灰之力就把这个问题解决了。

"比尔巴,你的确很聪明啊!"国王夸奖道。

思索提问

比尔巴是怎么解决的呢?

答案

比尔巴立刻在那条线下面划了一条更长的线。

16 谁先发觉有人开枪

一天,名侦探福尔摩斯和他的助手华生医生在居室里闲坐喝茶。华生自信具备较强的观察分析能力,就想给福尔摩斯出个难题,于是笑着说道:"福尔摩斯先生,我有一道难题想请教你,行吗?"福尔摩斯转过头说:"行啊!你说吧。"

华生喝了一口茶后,题目便涌上心头:"在坎布连山区,有两座有名的高山,中间相隔500多米。一天,两个残疾人和一个正常人一同来登山。这两个残疾人中一个是瞎子,一个是聋子。登了一段时间以后,他们面向对面的山峰停下来休息。那个正常人因为太疲倦,一坐下来就睡着了,而那两个残疾人却依然精神抖擞。正当夜深人静,突然对面山上有人向这边放了一枪,瞎子马上听见了"砰"的枪声,聋子也立刻看到了枪口散发出来的火光,而睡着的人也在当时发觉了,因为子弹刚好擦着他的耳根飞过。后来警察来调查,三人都夸耀自己的感觉最敏锐,都说是自己最先发觉有人开枪的。

"福尔摩斯先生,您能告诉我他们三人中是谁最先发觉有人开枪的吗?"

"聋子。"福尔摩斯回答。

福尔摩斯如此快而正确的回答,不得不让华生更加佩服福尔摩斯了。

思索提问

你知道为什么是聋子最先发觉有人开枪的吗?

答案

最早发觉有人开枪是聋子。因为光的传播速度是每秒30万千米,比空气中声音的传播速度和子弹的飞行速度都要快得多。所以是聋子最先发觉有人开枪的。

17 绝妙的对联

历史上,袁世凯只当了83天的皇帝,当他被迫退位之后,没过多久这个窃国大盗就一命呜呼了,全国人民听到这个消息后奔走相告,手舞足蹈。

据说当时四川有一位文人,声言要去北京为袁世凯送挽联。许多人听说之后,都感到十分惊讶,遂打开了他撰写好的对联,只见上面写着:

袁世凯千古;

中国人民万岁!

"这、这是什么对联?"众人看了禁不住笑出声来。文人故意问众人道:"有什么好笑的?"一位心直口快的小伙子回答道:"上联'袁世凯'三个字,下联'中国人民'四个字,这怎么可能对得起来呢?"文人听后,"哧"的一声笑了起来。众人依然不解,再仔细一回味,都不禁拍手叫绝:"真是一副绝妙的对联啊!"

思索提问

读者朋友们,你知道这副对联的"玄妙"之处在哪里吗?

答案

上联"袁世凯"是三个字,下联"中国人民"是四个字。不用讲平仄,单从字数上来看就对不上,所以这副对联喻示"袁世凯对不住中国人民"。这就是对联的"玄妙"之处。

18 "莎翁"巧取硬币

莎士比亚是闻名世界的著名作家,被人们尊称为"莎翁"。马克思曾称他为"人类最伟大的戏剧天才"。但是在当时的社会,莎士比亚在受到人们拥护和爱戴的同时,也受到了某些人的嘲讽。

有一次,莎士比亚受邀请参加了宴会,在宴会上,有一位商人想当着众人的面让莎士比亚出丑。他向莎士比亚喊道:"人们都在赞扬你,不要以为你自己有多么了不起,我看你的智力也平常得很,不信咱们试试!"

莎士比亚知道对方是想奚落自己,但为了维护自己的声誉,他便答应了。于是那个商人就吩咐仆人提来半桶葡萄酒,轻轻地在酒面上平放了一块硬币。硬币浮在酒面上一动也不动。那个商人对莎士比亚说:"不准向桶内吹气,不准向桶里扔石头之类的物体,也不准用东西拨弄硬币,更不准左右摇晃酒桶,请问莎士比亚先生,您能在桶边就把硬币取到手吗？"

许多在场的客人见了直摇头，都认为没有办法可以把硬币取到手。

但是，莎士比亚想了一会儿，就想出了一个很好的办法，解决了这个难题。

思索提问

试问，莎士比亚想了一个什么好办法呢？

答案

莎士比亚想到的好办法是叫人再拿半桶酒，往有硬币的桶里慢慢地倒酒，等到桶里的酒满后，硬币就自动浮到桶边，随着溢出的酒流出来，莎士比亚伸手便把硬币接到了手中。

19 令杀手奇怪的钥匙洞

一天夜晚，一个杀手开始了他的复仇计划。他悄悄地潜入了一幢豪华的别墅，目的是要暗杀住在别墅里的一个仇人。当他又悄悄地走到仇人的房门口时，从钥匙洞里看见仇人正在打电话。杀手想，这倒也省事，可以轻而易举地将仇人干掉。于是他便从钥匙洞里射进了一枚毒针。

毒针恰好射中仇人的胸部，但令杀手奇怪的是，他的仇人一点反应也没有，依然拿着电话筒在聊天。

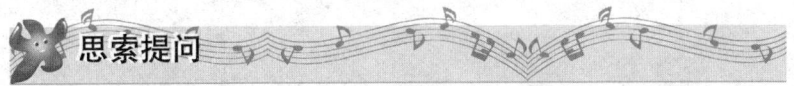

思索提问

你知道仇人为什么当时没有被射死吗?

答案

由于杀手心里惊慌,看到的只是仇人倒映在镜子上的影像而已。

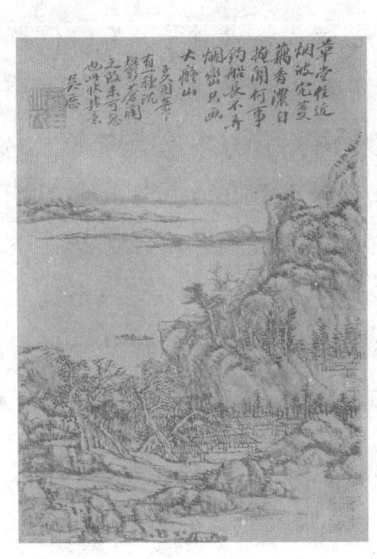

第五章

妙趣横生

——科学勘探

这个世界是如此神奇，每一件事情都有着一定科技含量，会观察的人总是可以从中悟出很多道理，找到很多规律，这种探索在人类生活中从来没有停止过。他们每天都在寻找着真相，并为找到真相而兴奋不已。所以我们每个人都是小小科学勘探家，在不断观察中揭开了一个又一个谜底，让我们把这种奇妙的观察坚持下去，你就能够看到大千世界的另一番场景。

壁虎的"特异功能"

生活中很多现象都让我们困惑不解,例如长约10厘米、背呈暗灰色的爬行小动物——壁虎,硬是能在光滑如镜的墙面上随意穿梭,即便是在捕食蚊、蝇、蜘蛛等小虫子的时候也不会掉下来。壁虎如同有了"特异功能"一般,所以大家又给它起了一个名字叫天龙。我们常常看到壁虎在光滑的墙壁、门、窗上爬来爬去,不禁要问:是什么奇怪的法术让它不会掉下来呢?

甲说:"因为壁虎的脚掌能分泌黏性胶液。"

乙说:"因为壁虎的脚掌产生的静电使它吸在壁上。"

丙说:"因为壁虎的脚掌上长着吸盘。"

丁说:"因为壁虎的脚掌上长着骨针,可以产生摩擦力。"

思索提问

你说他们的答案谁的正确呢?

答案

丁。因为壁虎的脚掌上长着骨针,可以产生摩擦力。

2 房子的位置在哪里

在地球上有一所房子,当你它的周围走一圈,确定四个方向时,就会发现四周的方向都一样。

思索提问

你知道这所房子到底在哪里吗?

答案

南极或北极。

3 棉布床单的大小

有一大一小两块正方形的棉布床单摆放在地面上。大块棉布的床单边长为2米,小块棉布的床单边长为1米,用大块棉布床单覆盖住小块棉布床单的一个角,再将大块棉布大床单的一个顶角放在小块棉布小床单的中心位置上。

思索提问

如果不用精密的仪器去测量,你能只用肉眼就看出小块棉布床单被大块棉布床单覆盖了多少吗?

答案

知道了两块床单棉布的大小，大床单棉布的一个顶点又是摆放在小块床单棉布的中心点上，不论小块床单棉布和大块床单棉布的位置如何变化，粗算一下，就可以判断出，大块床单棉布恰好覆盖了小块床单棉布的四分之一。

4 向阳花的秘密

一个星期天的上午，玛丽露西去丽娜安妮家做客，丽娜安妮带玛丽露西看她家花园里种的花。玛丽露西看着花园里金黄色的向日葵太阳花美丽极了，赞叹道："真漂亮啊！"丽娜安妮听了，骄傲地说："这些向日葵太阳花都在我家花园里生长了很多年了，我爸爸小时候就有呢！"

玛丽露西听了丽娜安妮的话，又看了看向日葵太阳花，发现有一部分向日葵太阳花背着阳光，而且土质疏松，像极了刚刚栽种的样子，而且有的也不如那些朝着阳光生长的向日葵太阳花生命力顽强。她对丽娜安妮说："不是所有的向日葵太阳花都是在这个花园里生长了很多年的吧？"

丽娜安妮争辩道："不，所有的向日葵太阳花都是在花园里生长很多年的。"

玛丽露西笑笑对丽娜安妮说："我敢保证，你在说谎。"

思索提问

你知道玛丽露西为什么如此确定安妮丽娜说了谎吗？

答案

太阳花别名葵花、朝阳花、转日莲，属草本植物，喜欢温暖的地方，耐旱。盘型其花序可宽达30厘米，因花序随太阳转动而得名。这是因为一般植物都有向光性的特征，叶子和花都会朝着太阳光线照射的方向生长，尤其是向日葵太阳花更是具有此种特性最明显的植物之一。而背向阳光生长的向日葵太阳花土质疏松生命力不是很顽强，因此，不难判断是刚刚栽种的。玛丽露西说安妮丽娜撒了谎。

5 水酒各煎一半

最近，某中医药店来了一名实习医生小陈。这天他遇到了一个要求水酒各煎一半的药方。于是小陈根据药方上要求的容积，称量出了水和酒各2500毫升。可是当他将两种液体混合到大容器的时候，发现刻度显示的不是5000毫升，而是4300多毫升。小陈这下就觉得奇怪了，心想：同样都是2500毫升的液体，怎么倒在一起却变少了呢？难道是自己在称量的过程中出现了什么差错吗？

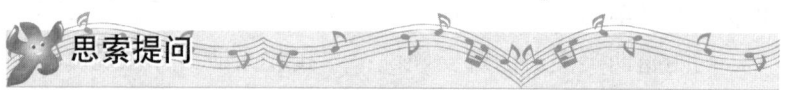

思索提问

难道是小陈在称量的过程中真的出现了差错吗？

答案

其实，小陈并没有量错，而是因为水和酒精都是由分子构成的，在当水和酒精混合后，由于水和酒精分子之间的吸引力，比未混合前水分子同水分子之间、酒精分子同酒精分子之间的吸引力要大一些。所以，混合后分子之间排得更紧密些，混合液的总体积也就减小了。但是，这种奇特体积减小的现象，并不是在所有的液体混合后都会发生的，在某些情况下，也有混合后体积保持不变或者变大的现象。

6 巧辨生熟蛋

周末，玲玲正在写作业，这时，妹妹推开了门，说道："姐姐，我想吃煮鸡蛋，你给我煮一个好不好？"一听可爱的妹妹要吃煮鸡蛋，玲玲可乐坏了："没有问题，你乖乖地等一会儿，姐姐马上给你煮鸡蛋吃。"

于是，玲玲便行动了起来，不一会儿就煮好了。为了不让鸡蛋烫着妹妹，玲玲把鸡蛋捞出来之后，决定在把它放在桌子上稍微凉一会儿，让鸡蛋降一下温。可是等玲玲写了一会儿作业，准备给妹妹吃那个煮鸡蛋的时候，发现鸡蛋都凉了，并且桌子上还躺着几个生鸡蛋。"哎，真糟糕！究竟哪一个是熟的呢？我总不能把每个鸡蛋都打破吧。"玲玲自言自语道。

正在玲玲一筹莫展的时候，外出的妈妈回来了。玲玲就把这件事情告诉了妈妈。妈妈看走过来告诉了玲玲一个辨认鸡蛋的方法。不一会儿，玲玲就把那个煮熟的鸡蛋送到了妹妹的手里。看到妹妹吃得津津有味的样子，心里十分高兴。

思索提问

你知道妈妈告诉玲玲一个什么样的方法来辨认鸡蛋吗?

答案

原来,只要把鸡蛋原地转一下就能分出鸡蛋的生与熟了。煮熟的鸡蛋是固体,转起来速度较快。而生蛋里面是液体,相对蛋壳转动速度较慢,在蛋壳内壁和蛋清面之间形成一个阻力,这个阻力会使生鸡蛋旋转速度变慢甚至停下来。

7 硬币哪里去了

有一天,小波坐在书桌前做作业,休息期间,他把倒满水的玻璃杯压在了一枚硬币上,然后再将一本小书盖在了杯子的上面。小波突然瞪大了眼睛,一件奇怪的事情发生了——那枚硬币竟然看不见了。

思索提问

这究竟是怎么回事呢?

答案

原来,光线从物体上反射到我们眼睛里,我们才能看到这个物体。小波遇到的情况是感知上面的问题,实际上硬币并没有消失,只是小书挡住了光线的传播。光线从一个透明物体进入另一个透明物体时会发生折射,这就使硬币所成的图像的位置往上移了,这就和我们平时看到游泳池的底部比实际要浅的情况是一样的道理。

8 埃菲尔铁塔之谜

埃菲尔铁塔是享誉世界的代表性建筑,位于法国首都巴黎,堪称现代巴黎的标志。以法国著名建筑设计工程师埃菲尔的名字命名,并在塔下为埃菲尔塑了一座半身铜像。

埃菲尔铁塔高 300 米,总重量高达 7000 多吨。浪漫的巴黎人给铁塔取了一个漂亮的名字——"云中牧女"。埃菲尔铁塔虽然享誉世界,但是在它建成之初,有三个谜曾经困扰人们很久。

(1)这座铁塔只有在夜间才是与地面垂直的;

(2)上午铁塔向西偏斜 100 毫米,到了中午铁塔向北偏斜 70 毫米;

(3)冬季,气温降到零下 10 摄氏度时,塔身比炎热的夏季时矮 17 厘米。

当有人问设计铁塔的设计师埃菲尔时,他合理地解释了这些问题。

思索提问

你知道其中的奥妙吗?

答案

　　白天，由于光照的角度和强度会发生变化，埃菲尔铁塔塔身各处的温度也是不同的，因此发生热胀冷缩反应的程度也会有所不同，所以上午和下午不仅出现了倾斜现象，倾斜角度也有所不同。夜间，铁塔各处的温度是相同的，所以就恢复了垂直状态。冬季气温下降，塔身收缩，所以就变矮了。

9 会唱歌的潺潺小溪

　　夏天来了，虽然天气炎热，但是在山林之中，空气依然很凉爽。山上的两只小猴子大毛和二毛在尽情地玩耍，时不时地从一棵树上跳到另一棵树上。它们玩累了以后，就跑到了附近的一条小溪边喝水。小溪水真清凉啊，清得可以看到水底的一块块小石头，溪水一路唱着动听的歌向山下跑去。二毛听着潺潺的流水声说："为什么小溪会唱这么动听的歌，而我不会唱呢？"大毛虽然很聪明，但是对于这个问题，他真的不知道怎么回答，也无法给出一个答案来。

思索提问

　　那么，你知道小溪为什么会唱那么动听的歌吗？

答案

　　小溪由上往下流的时候，裹住了一部分空气，并形成了气泡。由于气泡容易破裂，所以小溪就会发出了潺潺流水声了。

10 声音从何处而发

"池塘边的榕树上知了在声声叫着夏天，操场边的秋千上只有蝴蝶停在上面，黑板上老师的粉笔还在拼命叽叽喳喳写个不停，等待着下课等待着放学等待游戏的童年……"北北嘴里哼着歌儿。这首歌是很早以前的流行歌曲，最近有一天，他无意之中从叔叔那里听到了这首歌，觉得很喜欢，于是最近经常唱。

夏天天气可真热啊！下午放学后，北北又哼着那首歌与邻居皓皓一同回家去了。他们中途路过一棵矮小的小树，知了停在树枝上"知了知了"叫个不停。两个小伙伴听到了以后，都停了下来，静静地观察。"咦！知了的嘴巴和翅膀都没怎么动，知了的声音是怎么发出来的呢？"皓皓觉得很奇怪。此时，知了好像也听到了他们的声音，不叫了。

带着一连串的疑问，他们悄悄地又走近了一些，进行近距离观察。过了一段时间，知了又开始鸣叫了起来。"捉一个拿回家去养起来，回家慢慢观察吧！要不然回家该晚了。"北北低声说道。于是北北快速地伸手将其捉住，装进了书包里。

回家后，两个小伙伴就一起观察，经过多次地观察，他们发现知了每一次鸣叫，它腹部的几个节一直在不停地抖动，而且速度非常快。难道"知了知了"的鸣叫声是从这里发出来的？他们都半信半疑。

于是北北向爸爸请教，爸爸仔细地为他们讲解了一番。两个小伙伴终于明白了知了的鸣叫声从何而来。

思索提问

那么,请问你知道知了的鸣叫声是从哪里发出来的吗?

答案

知了也叫蝉,它的鸣叫声是从腹部发出来的。因为蝉的腹部有一个发声器,发声器长在腹部两侧,是由盖板、镜膜、声鼓和共振室四部分组成,此外还有操纵这些器官的声肌和相应的神经系统,共同担负着发音的工作。但是只有雄蝉腹部的发声器,才能连续不断地发出响亮的声音,雌蝉腹部的发声器,是不能发出声音的。

11 小小气象员

一个星期天的早上,果果刚起床不久,就去看她那两只小乌龟,只见它们在玻璃缸里匆匆忙忙地爬上爬下,显得有点烦躁不安。果果对此很纳闷,暗想这两个小家伙究竟在搞什么鬼呢?于是,果果忙跑到正在做早餐的妈妈身边,向她讲了小乌龟的反常举动。

"因为要下雨了,小乌龟是气象员,会预测天气呀!"忙着做饭的妈妈应声说了一句。

果果半信半疑地回到了小乌龟的旁边,两个小乌龟依然爬上爬下。

谁知,过了不一会儿,天空中那豆大的雨点便稀稀拉拉地落了下来,紧接着,雨点越来越密集,不一会儿,就变成了

倾盆大雨，天空中时不时划过几道闪电。伴着可怕的雷声，果果这才想起刚才那两个小家伙不是在搞鬼，确定是在预测天气——大雨马上要来啦！

后来，果果的妈妈仔细地给她讲解了小乌龟是如何预测天气的，果果听得津津有味。

其实，还有许多动物可以预测天气呢，像老鼠、鱼儿、蜻蜓……它们不用借助任何工具，就可以充当小小天气预测家呢！

思索提问

那么，请问你知道小乌龟是如何预测天气的吗？

答案

原来，乌龟在气象条件发生变化时，其活动规律和习性会发生一些变化，人们因此根据这些变化来预测天气。

假如乌龟背壳潮湿，壳上的纹路混浊而发暗，是天要降雨的预兆；龟壳上有水珠，像是在冒汗，假如你看到他们烦躁不安，则意味着将要下大雨。假如龟壳干燥，纹路清晰，则预兆近期不会再下雨。这是因为龟身贴地，龟背光滑阴凉，当暖湿空气移来的时候，会在龟背冷却凝结成水珠，天将下雨，反之空气干燥，则暂时不会下雨。

12 加热后的变化

有一天,亮亮放学之后,做了一个小小的实验。只见他先把铁丝绷直,然后用螺丝钉将其两端固定住,并悬空。再用蜡烛在铁丝中间加热。过了一会儿,他发现铁丝真的发生了弯曲。

思索提问

请问铁丝为什么会发生弯曲,你知道这是为什么吗?

答案

因为亮亮已经把铁丝两端都固定了,而铁丝受热后发生了延长,所以它无法伸直,只能发生弯曲。另外,科学家也曾发现,如果把铁丝设法降到很低的温度,就会发生一定程度的收缩,而如果铁丝的两端已经固定的话又将两边固定住,收缩超过一定的限度,就会很有可能发生断裂。

13 纸为什么变黄了

周六的早上,阳光明媚,明明就对爸爸说:"爸爸,今天天气真好啊,我们安排什么有意义的活动呢?可不能把这美好的一天给浪费了啊!""有意义的活动啊,让我仔细地想一想。"爸爸若有所思地回答。谁知过了片刻,爸爸饶有

兴致地说："让我的那些书和报纸晒晒太阳吧！那样它们的寿命会更长久一些。""好吧，我很乐意帮忙。"明明很爽快地答应了。因为他知道爸爸特别喜欢收藏一些有价值的书籍和报纸。

在它们忙碌的过程中，明明发现其中的一些书和报纸变黄了，尤其是在阳光下，显得更加明显。对此，明明感到非常不解。于是明明就问爸爸，爸爸回答完之后。明明明白了其中的原因。看看你周围的书和报纸，如果时间长了，它就会变黄，一旦放在阳光下就更加明显了。

思索提问

那么，请问你知道纸变黄的原因吗？

答案

原来，书是用木材做成的，而且木材需要经过许多若干工序把水分挤干，才能制得新鲜的纸张，同时，木材中的纤维素也就移到纸张里。有了纤维素，新纸就会变得十分有韧性。但是，纸张一旦生产出来以后，空气中的氧气就会和纸里的纤维素慢慢发生化学反应，纸也就变成黄颜色了。因此，阳光也是纸张的一个大敌人，它也会和纸张里的纤维发生化学作用。日子一久，纸张就变黄、变脆。

14 糖会带电吗

放学了，明明和亮亮这两个小邻居又一起朝回家的方向前进了。这两个小伙伴时不时都有稀奇的事情告诉对方。

明明问亮亮："你见过带电的糖吗？很稀奇的哟！"

"开玩笑，糖会带电吗？"亮亮惊奇地反问道。

"那好，今晚你去我家，我让你看一看我那神奇的魔法，嘿嘿。"明明一点没有开玩笑地说。快来看看吧！

晚上，好奇的亮亮真的去了。明明让亮亮进到自己的房间之后，关掉房间的灯，拉上窗帘，等他们的眼睛适应黑暗之后，明明取了两块方糖，像擦火柴一样迅速摩擦，时而用一块敲击另一块。令亮亮没有想到的是两块方糖发生碰撞以后，他真的能看到微弱的光芒。

灯打开了，亮亮再回过神来看糖，发现那两块糖不过是普普通通的糖而已。这两块糖不是特制的又怎么会发亮呢？亮亮始终不明白其中的奥秘所在。

思索提问

请问你知道其中的奥秘吗？

答案

其实，这是一个关于压电现象的游戏。在自然界中，当有一些固体介质发生挤压或拉长时，晶体会产生极化，在相对的两面上产生异号束缚电荷。糖的晶体就有这种特性。在糖分子中都存有化学能，敲击两块方糖，压力的作用能将化学能转化为光能，所以就能够看到光亮。

15 青蛙的本领真大

暑假啦，果果被送到了乡下的爷爷家，果果和那里的小伙伴玩得很开心。更令他开心的是果果还能听到青蛙的叫声，特别是在晚上，这样的叫声尤其明显。爷爷告诫过果果，小孩子不能到池塘边玩耍，那是很危险的。有一天，果果缠着爷爷带他和两个小伙伴去池塘边看青蛙。爷爷也很爽快地答应了。

他们来到池塘边待了很久，仔细地观察着。爷爷说青蛙夏天的叫声，在农村随处都能听到。它们经常在水里钻来钻去，呱呱呱地叫着。

"那青蛙的本领真大啊！为什么不会被淹死呢？难道是它们有特异功能吗？"

"是啊，因为它们有特异功能啊。青蛙……"爷爷笑着回答说。

思索提问

那么，请问你知道青蛙有什么样的特异功能吗？

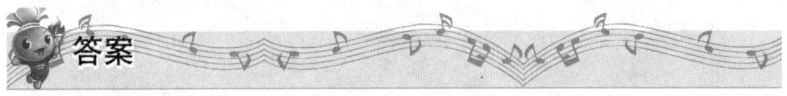

答案

原来，青蛙是用肺呼吸的，但是肺泡不多，只靠肺泡呼吸是根本不能满足它身体需要的，还要依靠自己的皮肤呼吸。青蛙的皮肤里布满了毛细血管，能直接同外界进行气体交换，进行辅助呼吸。在水底被罩住的青蛙，不能用鼻孔呼吸，但可以用皮肤呼吸，以此来维持生命，不会被淹死和憋死。

16 盐水泡过的苹果

在日常生活中，我们在吃苹果的时候，中间停留片刻，就会发现，苹果变色了，就像是被空气污染了一样。

但是，用盐水泡过的苹果却可以在较短时间内不改变颜色。

思索提问

请问这是为什么呢？

答案

原来，苹果去皮以后，里面的那些茶酚、氧化酶、过氧化氢酶等物质，与空气中的氧气接触会发生反应，形成一种褐色的物质。所以，苹果只要在空气中放置一段时间，就会变颜色，但是盐水能阻止或减缓这种变化的发生。因此，苹果用盐水浸泡以后，它的颜色在短时间内不会发生改变。

17 一闪一闪的萤火虫

夏天到了,天气异常炎热。在一个星期六的晚上,玲玲的爸爸妈妈决定带着玲玲到外面去吹吹海风,顺便欣赏一下海边那美丽的景色,放松一下心情。于是,他们在太阳落山之后,兴致勃勃地来到了海边。

看到那宽阔的大海,玲玲的心情豁然开朗,开心地在海边游玩了起来。不知不觉夜幕降临了。

突然间,玲玲看见许多萤火虫在空中飞舞,就好像一盏盏小灯在夜空中闪动,她急忙奔了过去。一闪一闪的萤火虫在她周围飞来飞去。玲玲的眼睛很长时间都不眨一下。因为她只是听过,却没有见过萤火虫,因为目睹了这一切,她心里乐开了花。过了一会儿,玲玲就捉住了一只萤火虫,但是当她打开双手,那只小小的萤火虫又一闪一闪地飞走了。

萤火虫为什么会发光呢?看着那些在空中飞舞着,并一闪一闪的小灯笼,玲玲的脑海中产生了疑问。

萤火虫为什么会发光呢?

思索提问

请问你能帮助玲玲解决这个疑问吗?

答案

萤火虫有一个发光器,它位于萤火虫的腹部,从外表看发光器只是一层银灰色的透明薄膜。实际上,这个发光器由发光层、透明层和反射层三部分组成。发光层拥有几千个发光细胞，它们都含有荧光素和荧光酶两种物质。在荧光酶的作用下，荧光素在细胞内水分的参与作用下，与呼吸进来的氧气发生氧化反应，发出荧光。实质是把化学能转变成光能的过程。由于萤火虫有着不同的呼吸节律，便形成一闪一闪的闪光灯。

18 虾的皮肤变红了

　　虾肉具有味道鲜美，营养丰富的特点，是很多小朋友的最爱。

　　佳琪也特别喜欢吃虾，佳琪的爷爷奶奶也非常爱吃虾，因此在他们家，味道鲜美的虾肉会时不时地出现在餐桌上。

　　可是有一个问题一直困扰着佳琪。虾煮熟了以后，它的皮肤就变成了红色的，这是为什么呢？

思索提问

　　请问，你知道虾煮熟了以后，它的皮肤为什么会变成红色吗？

答案

　　原来虾的外壳中含有很多色素，这些色素中大多数都是青黑色的，所以活虾看起来都是青黑色的。一旦把虾放在锅里煮过之后，大多数的色素都被高温破坏掉了，只剩下不怕高温的红色素。因此煮过之后，虾的皮肤就变成红色的了。

19　起火的原因

黄阿姨特别喜欢花花草草，她还在一个大的花卉市场里面租了一个面积很大的店面，专门经营一些花卉。买花的人买到自己喜欢的花时，都会眉开眼笑，一脸兴奋的样子。每当看到这些，黄阿姨也是说不出的高兴。她相信，那些买花的人一定都是爱花之人。

一方面是自己的爱好，另一方面也是为了满足顾客的需要，黄阿姨在自家院子里盖起了塑料大棚栽培稀有花草。可是在一个晴朗冬日的中午，大棚突然发生火灾，所有花草付之一炬。据判断是大棚中的枯草沾了火引起的。

然而，让人奇怪的是，塑料大棚里根本没有火源，也没有任何人放火的迹象。大棚外面的地面因昨天晚上刚下过小雪而显得湿漉漉的，所以如果真的有人来此纵火，按照惯例是会留下痕迹的。可奇怪的是他们在周围没有发现任何迹象。

黄阿姨不知道为什么会起火，便报了案，决定让警察一查究竟。

警察接到报案后立即赶来，详细勘查了现场。

"黄女士，昨晚的小雪量有多大？"

"我院子里雨量表上显示约 27 毫米，可今天从一大早就是晴空万里，没有一丝云彩呀。"

"阳光直射塑料大棚，里面会产生多高的温度？"

"冬季是十七八摄氏度，可这个温度是不会自燃起火的。"黄阿姨回答。

"没有取暖设施吗？"

"没有。"

"棚顶也是用透明塑料覆盖的吧。"

"是的。"

"果然如此……那么，起火原因也就清楚了。"

警察很快找到了起火的原因。

思索提问

这个塑料大棚，到底是怎么起火的呢？

答案

原来，塑料大棚的棚顶有坑洼处。因失火的前一天晚上刚下过小雪，因昨晚雪水积在了棚顶的坑洼处，小雪融化成积水，而积水正好形成了凸透镜状，阳光折射聚焦。其焦点的热量使塑料大棚里的干草自燃起火。

20 为什么吃菠萝前最好蘸盐水

有一天，妈妈买回了几个菠萝，丹丹看见以后，高兴极了，因为这是今年菠萝上市以后妈妈第一次买。

看到妈妈拎着菠萝进了厨房，丹丹就成了妈妈的跟屁虫。从妈妈削皮开始，丹丹就在一旁看着，了解了妈妈整理菠萝的过程。之后妈妈把切好的菠萝块放进装有水的水果盆里，之后又加了几勺盐。这就奇怪了，好好的菠萝为什么还要加盐呢？以前丹丹还真的没有注意过这一点呢。"菠萝又叫凤梨，果肉多黄色，汁多，营养丰富，香甜可口。但是，人们在吃菠萝时，却喜欢把它切成小块的果肉先蘸蘸盐水。"妈妈给丹丹讲道。

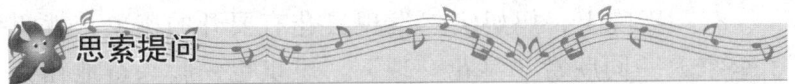

思索提问

为什么在吃菠萝以前要用盐水泡一泡呢?

答案

  原来，菠萝的果肉中含有苹果酸、柠檬酸等多种有机酸。成熟的菠萝果肉里有机酸含量相对较少，糖分含量较多，因而香甜可口。而在未成熟的菠萝果肉里，有机酸含量就比较多大，糖分含有量较少，味道比较酸。人们吃了没有经过盐水浸泡的菠萝，嘴角就会出现麻木刺痛的感觉，这是因为因为菠萝果肉里含有一种"菠萝蛋白酶"，菠萝蛋白酶在化学实验中能够分解蛋白质，对人的口腔黏膜和嘴唇的幼嫩表皮有刺激作用。但是，食盐却能有效地抑制菠萝蛋白酶的活动，因此，当我们吃鲜菠萝的时候，都会先用盐水泡一下，这样就可以避受菠萝蛋白酶对口腔黏膜和嘴唇的刺激了。

21 花期极短的昙花

  有一天，琪琪的家里突然多了一盆植物。但是，琪琪以前根本没有见过这种植物。妈妈告诉琪琪，这种植物的名字叫昙花，昙花的开花季节一般在6月~10月，开花的时间一般在晚上8~9点钟以后，盛开的时间只有3~4个小时，虽然花朵非常美丽，但是花期短暂。因此，人们通常用"昙花一现"来比喻美好事物不持久。

  夏天来临之后，琪琪天天盼着昙花能够盛开。因为，她特别想目睹昙花究竟有多美丽。

有一天晚上，妈妈突然发现昙花有要开的迹象，就叫了全家人一同欣赏"昙花一现"。琪琪也一脸兴奋地在旁边观看。

只见昙花开放的时候，花筒慢慢翘起，将紫色的外衣慢慢舒展开，然后由20多片花瓣组成的、洁白如雪的大花朵便开放起来。开放时花瓣和花蕊都在颤动，艳丽动人。可是3～4小时后，花冠便开始闭合，花朵也很快凋谢了。

"真是'昙花一现'啊！"琪琪说，"为什么昙花开花时间那么短呢？"

思索提问

你能解答琪琪的这个问题吗？

答案

原来，昙花原产地是中美洲和南美洲的热带沙漠地区。沙漠中白天和晚上的温差变化很大，白天气温高，非常热，而晚上气温低，凉快得多。昙花选择在晚上的四五个小时内开花，而到翌日清晨就凋谢，这样，娇嫩的花朵不会被强烈的阳光晒焦。这种特殊的开花方式，使它能在干旱炎热的严酷环境中生存，繁衍后代。久而久之，这种习性便一代一代地遗传下来了。

22 向上生长的植物

春天来了,到处都是一派生机勃勃的景象。明明和小伙伴们一起到田野里游玩,明明看到那些千姿百态的植物,觉得特别惊奇,突然一个奇特的想法在他的脑海中出现了。

回家之后,只见明明拿了一棵盆栽植物,并取来了几本旧书,他将几本旧书叠在一起,然后把盆栽植物斜靠在书堆上,让植物能见到太阳光。

"我看你还能向上长吗?"明明对这盆植物说道。

妈妈将这一切看到了眼里,也明白了明明的心思,对明明说道:"调皮鬼!实践出真知啊!"

过了七八天,明明看到盆栽植物的茎和叶拐了一个小弯,然后继续朝上生长。这与他想象中的大不相同,他还以为这个植物会朝它倾斜的方向生长呢。此时的他在想,为什么植物都向上生长呢?

思索提问

为什么植物都向上生长呢?

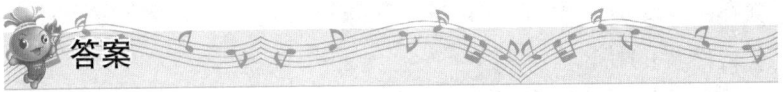

答案

原来植物体内含有植物生长素,植物生长素会使植物细胞变长。由于地球重力作用的影响,植物生长素会向下聚集在茎的底部,生长素浓度增高,促进茎细胞伸长,从而使植物的茎向上弯曲生长。

23 "玩"中有发现

公元17世纪，荷兰王国市政厅有一位看门的老人，名字叫列文霍克，他有个癖好，喜欢收集各式各样的玻璃碎片，并把它们全部藏在自己的床底下，一有空闲的时间，他就会把它们拿出来放在眼前摆弄一番，并尝试着制成各种镜片。

有一次，他把两块磨制得很精致的玻璃片合并在一起，随后又慢慢地拉开距离，竟看到了一种奇特的景象：镜片对着的东西被放大好几倍。受此启发，他经过很多次试验，终于在一根金属管的两端，分别用几块透镜进行结合，并把它们加以固定，制成了第一架能把物体放大150~270倍的放大镜。利用这种放大镜，人们可以看到肉眼看不到的细微东西。于是，人们又称它为"显微镜"。

一天，列文霍克出于好奇，把从自己指甲里抠出来的东西放到了自制的"显微镜"下面，他惊奇地发现，镜片下有许许多多小生物在东游西窜。之后，他又找来人畜粪便、雨水、啤酒等进行观察，结果依然也发现有了许许多多的"小生物"在那里活动。这些小动物有的似球形，有的如杆状，有的长得像葡萄，有的样子像螺旋桨，有的身上还长满了毛，真可是五花八门，千奇百怪。于是出于好奇，他把这些小生物一个一个的画在纸上，还出版了一本书，一部具有划时代意义的著作——《自然界的秘密》。

列文霍克的发现虽然引起了人们的好奇心，但当时人们并不知道这些"生物"是什么。直到100年后，法国生物学家巴斯德才借助不断改进的显微镜，开创了医学史上的"细菌时代"。

请问你现在知道这些"生物"是什么吗?

其实,现在人们把这些"生物"称为"杆菌""球菌""葡萄球菌"等。在列文霍克发现这些"生物"的100年后,法国生物学家巴斯德才借助不断改进的显微镜,揭开了医学史上"细菌时代"的帷幕。我们今天还能看出当年的那个看门人伟大发现的缩影。而那个看门人正是荷兰的显微镜学家,也是微生物学的开拓者。

24 奇怪的变化

有一天,李老师做了一个小小的实验,同学们都睁大了眼睛,仔细地看着。只见李老师准备了一只玻璃试管,在里面倒入了将近1/3的清水,随后又滴入了几滴碘酒,并用塞子将玻璃试管塞紧,随后便摇匀它,这时试管里的溶液是浅棕色的,也就是我们通常所说的"碘水"。

随后,李老师将试管稍微倾斜了一点,沿着试管壁缓慢地滴入无色透明的洁净汽油,直到液面上升到试管2/3的高度。这时,大家看到试管里出现两层液体:下层是浅棕色的碘水,上层是无色透明的汽油。李老师又将瓶塞塞紧,不断地摇晃试管,直到里面的液体充分混合在一起,才把试管直立静置。过了不一会儿,奇怪的现象发生了!里面的液体又发生了变化:

沉在下层的水几乎变得没有颜色了，而浮在上层的汽油却变成了紫红色。看到如此神奇的试验，同学们一个比一个惊讶。

思索提问

你知道为什么会有这样的变化吗？

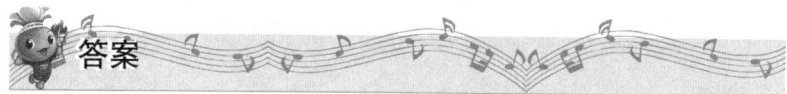

答案

原来，碘不易溶于水，却十分容易溶在汽油里。当李老师激烈地晃动试管时，里面的碘水和汽油就有了充分接触的机会。结果水里的绝大部分碘就这样被汽油"夺走"了，汽油就变成了紫红色，而失去碘的水也就同时失去了颜色。

第六章

投石问路

——一探究竟

真相、假象其实就在我们面前摆着,我们却一时不知道如何分辨,在这个时候最聪明的方法是巧妙地投石问路,先试着看看,能不能把事情搞清楚,而不要急于下定论。每个人都有一颗好奇心,对眼前的事物总有着一种新鲜感,总想一探究竟,这种好奇心是好的,我们一定要保持,同时激活内心的那份机警,必要的时候试探性地走两步。

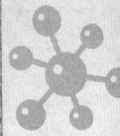

 真花？假花？巧辨真假花朵

春天来了，万物苏醒，给人的感觉简直是太好了。有一对夫妇带着两个女儿一起去郊游，一家人都高兴极了，尤其是姐妹两个，她们还时不时地唱着歌儿。

田野里春意盎然，有许多美丽又可爱的花儿盛开着。蝴蝶和蜜蜂在花丛中飞舞着，不时落在花朵上吸取甘甜的花蜜。调皮的妹妹不知从哪里拿来两朵一模一样的花，并与姐姐保持了一定的距离，让姐姐猜哪一朵是真花，哪一朵是假花，但前提条件是不能用手去摸，也不能去闻，只能远远地看着。

"真花？假花？你这个小鬼！从哪里弄了一朵假花来为难我啊？我可得好好地想一想。"姐姐说。

让妹妹没有想到的是，没有多久，姐姐还真的猜对了。

思索提问

你知道姐姐是如何辨别真假花的吗？到底该怎么辨别出真花和假花呢？

答案

其实方法很简单，既然这里不时有蜜蜂和蝴蝶采蜜，姐姐只要看看哪朵花能吸引它们的注意，哪朵就是真朵。

2 有几个幸存者

有一天,一支空中巡逻队飞行至一个荒岛上。这个荒岛一直荒无人烟。但是,这里曾经发生过一起重大的意外事故。三年前,有一艘巨轮沉没与此。

正当飞行员将要飞过这座荒岛时,他突然发现荒岛之上有一个人,于是赶紧用无线电向总部汇报,在汇报时,这名飞行员却说,自己没有询问任何人就能肯定,除了这个人,这座荒岛上肯定还有至少两名幸存者。

思索提问

为什么这名飞行员会这样汇报呢?他为何这么肯定呢?

答案

原来,飞行员看到的那个人是一个活泼健康的,在地上跑来跑去的不到四岁的小孩子,并且那个小孩子看起来十分活泼健康。如果没有大人的照顾,一个孩子不可能单独存活于这个荒岛之上,所以飞行员可以肯定这座荒岛上肯定至少有两名幸存者,应该还有大人居住在这里。

3 韩信求兵

韩信是西汉时期的开国功臣,中国历史上杰出的军事家,"汉初三杰"之一,留下了许多著名的战例和策略。曾先被封为齐王、楚王,后被贬为淮阴侯。他为汉朝的天下立下赫赫功劳,后来却遭到刘邦的疑忌,最后还被安上一个谋反的罪名。韩信是中国军事思想"谋战"派代表人物,被后人奉为"兵仙""战神"。

有一次,一个大臣向刘邦推荐了智勇双全的韩信。可是,当刘邦见到年纪轻轻的韩信时,一点也不相信这么年轻的小伙子有什么非凡的能力,于是他总是想方设法地试探韩信的才能。

有这么一天,刘邦交给韩信一小块布帛,让韩信在这块布帛上尽可能多地画出些士兵来,能画出多少士兵他就给韩信多少士兵。

第二天,韩信便将布帛交还给刘邦,刘邦看后哈哈大笑,他对韩信的回应十分满意,从此相信韩信一定是个有才能的人,于是立即任命他为元帅,肯定了他的才能。

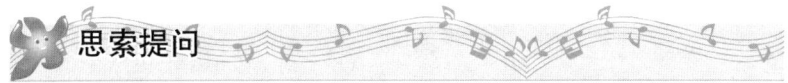

思索提问

那么,韩信到底画了多少士兵,使刘邦如此高兴呢?

答案

实际上,韩信并没有在那块小布帛上画一兵一卒,而是画了一座城池,并在城池上画了一面帅旗而已。

元帅手下定有千军万马，比一兵一卒可多多了！

4 聪明的小女孩

强强玩乒乓球玩得特别好，妹妹兰兰最近也迷上了乒乓球，她一直吵着要强强陪她玩乒乓球。强强被吵得受不了，于是想了一条妙计："兰兰，这袋子里有两个乒乓球，一个是黄色的，另一个是白色的。现在，你来伸手拿乒乓球。如果你拿到黄色的，我就陪你玩，但如果拿到白色的，你就放弃，而且不能再吵我！"

兰兰的眼睛顿时亮了起来，但此时却瞥见强强往袋子里面放了两个白色的乒乓球。这样，不论她怎么拿都只能拿到白色球。

这可把兰兰难住了。

思索提问

兰兰是不是玩不成乒乓球了？

答案

当然不是。兰兰从袋子里拿出乒乓球后，立刻藏起来，让强强看袋子里剩余那个乒乓球的颜色，就知道兰兰拿的球的颜色了。袋里一定是白色的球。强强当然无话可说了。

5 一条假项链

一天早上，狐狸大婶的首饰店里来了一个鬼鬼祟祟的人。他走进首饰店之后，东看看，西瞧瞧，逗留了一会儿就走了。

中午，狐狸大婶在清点货物时，突然发现多了一条项链，项链由原来的 8 条变成了现在的 9 条，而且旁边还多了一张纸条，上面写了这样一行字：在这些项链当中，有一条是假的，它比其他的项链都轻，你必须且只能在一个没有砝码的天平上称两次，把假的项链挑出来，如果做不到，你就别想开这个店了。狐狸大婶看着这些字，思索片刻，马上有了主意，于是，她按照纸条上的要求，很快就把那条假项链挑了出来了。

思索提问

你知道狐狸大婶是怎样做到的吗？

答案

原来，狐狸大婶先把所有的项链分为 1、2、3 三个组，每组 3 条。第一次：先称 1 和 2 两个组，如果天平是平衡的话，那么假项链肯定就在第 3 组；如果不平衡，那么假项链肯定就在较轻的一组。第二次：把有假项链的那组拿出两个放在天平两端，如果是平衡的，假的就是没有称的那条，如果不平衡，那么轻的就是假项链。

❻ 秘密地道

　　有一天早上,谭小旭送画到袁先生的寓所,大门是敞开着的,这让他觉得十分惊讶,于是便加快了步伐。就在他走进大厅时,突然听见寝室里传来阵阵痛苦的呻吟声,他急忙闯入一看,原来有一个负伤的警察倒在地上,再环顾四周,根本没有发现袁先生的踪影。眼前的一切令他目瞪口呆。

　　当谭小旭手足无措地站在那儿时,负伤的警察忍痛发出微弱的声音:

　　"秘密……地道……逃……走了……"说着,用手指向床底。谭小旭这时才缓过神来,他发现有一块板子,猜想大概人就是从这儿逃走的吧。

　　"掀……板……开关……米……勒…"

　　警察说到这儿就断气了。谭小旭钻到床底,想要掀开板子,但是用尽全身的力气却怎么也打不开。

　　"开关……米勒……他是否说开关设在米勒那幅画的后面?"这幅米勒的《播种者》复制品是谭小旭上次送来的。于是他走到钢琴旁,把挂在墙上的那幅画取了下来,仔细打量着洁白的墙壁,左看右看,就是看不出端倪。

　　好奇心极强的谭小旭,为了寻找通往地道的开关,竟然将报警这件事忘得一干二净。

　　"秘密地道的开关,究竟在哪儿呢?究竟是装在哪儿呢?"

　　此时他着急万分,烦躁不安,慢慢地他还是静下心来,突然灵机一动:"啊哈!原来就在这儿。"

　　此时的他才想起了报警这件事情。

　　这个秘密地道,直通后巷的下水道,凶手大概是顺着下水道逃得无影无踪。

思索提问

谭小旭到底是在哪儿找到了秘密地道的开关呢？你能解开这个谜团吗？

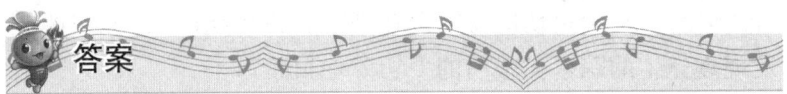
答案

原来，钢琴上的键盘就是秘密地道的开关。谭小旭发现室内竟然放着一架钢琴，有一肚子的疑惑。他静下心来仔细想了想一会儿，最终还是解开了秘密地道的开关之谜。

原来垂死的警察所说的"米勒"，并不是指米勒的画，而是钢琴上的3、2两个音节。按下钢琴上的"3、2"两个键盘之后，秘密地道自然就被打开了。

7 书生巧用标点

有一个书生叫陈志，这一天，这个书生到朋友王仲家做客，傍晚的时候突然下起了瓢泼大雨，这时天色已晚，他只得在朋友家留宿。但是王仲的娘子有些不愿意，于是就在纸上写了一句话：下雨天留客天留人不留。书生陈志看了，马上就明白了王仲妻子的意思，知其不好明说，心想：一不做、二不休。只见他也拿起笔来，索性在上面加了几个标点：下雨天，留客天，留人不？留！王仲妻子一看，自己原来的意思完全被颠倒了。但也无话可说，只好给陈志安排了住宿。

思索提问

其实,这句话除了陈志想到的这种加标点的方法外,还有三种点标点的方法,可分别使这句话变成陈述、疑问、问答三种句式。请问,你能巧用标点,把这三种句式写出来吗?请你也来加上标点试一试。

答案

陈述句式:下雨天,留客,天留,人不留。
疑问句式:下雨天,留客天,留人不留?
问答句式:下雨天,留客天,留人?不留。

8 智戏地主的长工

从前,有一个地主,家里面有很多的钱,也有很多的土地,于是他雇了好几个长工为他干活。这个地主不仅十分吝啬,心还非常狠,总是让长工们没日没夜地干活。更可气的是这个地主诡计多端,总是时不时地想出各种各样的办法来克扣长工们的工钱。

一天,地主又叫来一个年龄特别小的长工,让他去镇上为自己买些猪肉回来。临走前,他反复地叮嘱这个小长工说:"我不要肥的,也不要瘦的;不要内脏,也不要五官;不要四肢,也不要皮骨。而且你还必须按照我的要求买回两种这样的猪肉来,否则的话,我就要扣你这一个月的工钱!"听到此话,小长工心里暗想:狠心的地主,这个要求明摆着是在为难我啊,而这样的猪肉又要到哪里去买呢？边走边绞尽脑汁想办法，小长工往镇上走去。

小长工在镇上转了又转，却始终找不到那种猪肉。"不要肥的，也不要瘦的；不要内脏，也不要……"地主的这句话始终在他脑海中盘旋。突然，他想到一个好办法，很快从市场上买回了猪身上的两种东西。

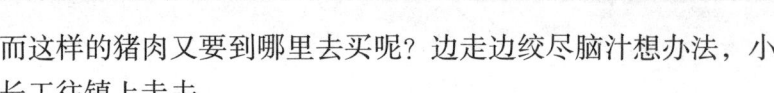

思索提问

那么，请你猜一猜，这个小长工买回的究竟是猪身上的哪两种东西呢？

答案

原来，小长工按照地主的要求，买回的两种东西分别是猪血和猪脑，这刚好符合地主的要求。

9 船夫想出的好主意

三个爱吃醋的妻子在和她们的丈夫旅游时，发现渡河的船只能容纳两个人。因为每个妻子都极力反对自己的丈夫和其他女人渡河，除非自己也在场；同时，她们也不同意自己的丈夫单独和其他女人站在河对岸。

为了满足他们的要求，船夫想出了一个好主意。

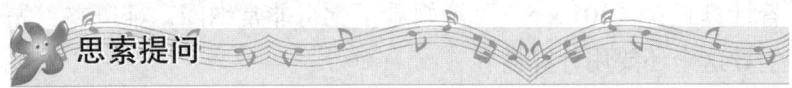

思索提问

船夫想出了什么好主意?

答案

把丈夫和妻子分别用 a、b、c;A、B、C 来表示,他们可以按照下面的方法渡河:

(1)a 和 b 先渡河,然后 b 把船划回来。

(2)b 和 c 渡河,然后 c 把船划回来。

(3)c 下船并和他的妻子留下来,然后 A 和 B 渡河;A 下船,B 和 b 一起把船划回来。

(4)B 和 C 渡河,把 b 和 c 留在出发点。

(5)a 把船划回来,然后让 c 和他一起渡河。

(6)a 下船,然后 b 把船划回来。

(7)接着,b 和 c 渡河。这样,所有人又重聚一起,满意地抵达对岸。

10 奇怪的算式

这天,名侦探员汤姆要到银行家杰克家去做客,是为了了解一宗银行抢劫案的情况。

汤姆在约定的时间到了杰克家的大门口,当他正准备按门铃时,他发现大门是虚掩着的,于是便走进了教授的家中。

坐在了客厅的沙发上,根本没有看到杰克本人,对此他感到十分惊讶。于是,他用眼睛扫遍了整个客厅后,便将目光停在了一台台式电脑的荧屏上，此时电脑处于计算状态，上面打着计算式："101×5。"汤姆看了觉得非常纳闷，难道杰克先生算这个还要用计算器？

突然，汤姆从这道式子中觉察到了什么，立即拨响了110。

思索提问

为什么汤姆要拨打110呢？请聪明的你转动脑筋快想想吧！

答案

101×5的得数是505。但在计算机上显示的是SOS。SOS为国际统一的求救信号，汤姆看到它后立即做出反应，杰克遇难了。所以他才拨打110。

11 刘墉的贺礼

乾隆皇帝要庆贺自己即将到来的生日,于是他给大臣们发放千两黄金让他们准备贺礼。为了讨乾隆皇帝欢心,大臣们都使尽浑身解数搜集着奇珍异宝。

而刚正的老臣刘墉却没有这样做。他早已看惯了这一切,当时湖南等地多处受灾,刘墉已经把所有的银子都用于救灾了,虽然他也领到了黄金,却把这些黄金发放给了受灾的灾民和那些镇守边疆的将士。依照刘墉的秉性,即便是自己有银子,也不会给皇帝送什么奇珍异宝的。

谁也没有料到,乾隆皇帝生日那一天,刘墉竟然说他也为皇上准备了厚礼。只见他手提一个铁桶,铁桶里装满了姜,刘墉郑重地把礼物献给了乾隆皇帝。

当铁桶上面的红布被掀开的一刹那,乾隆皇帝眼睛瞪得圆圆的,厉声说道:"好你个刘墉,这就是你为朕准备的礼物?"

在场的大臣都面面相觑,其中一位大臣悄悄地对旁人说:"刘大人今天是自己为难自己!难道他不怕万岁爷怪罪?"

只听刘墉不慌不忙地说"万岁爷,若您知道了这其中的含义,定不会怪罪微臣的!"

"那你就给朕讲个明白,也让在场的各位大臣听一听,如果你的解释令朕不满意的话,朕定会治你的罪!"乾隆说道。

于是,刘墉就说明了其中的含义。乾隆皇帝听刘墉讲完,立刻就哈哈大笑起来,并当场奖赏了刘墉,因为刘墉的解释实在是令他太满意了。乾隆皇帝不仅不再生气,还连声说这是自己今年收到的最好的礼物。

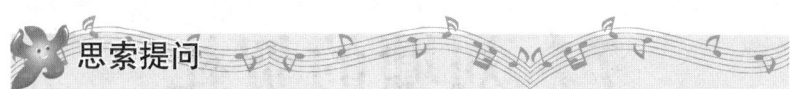

思索提问

那么，你能想到这份礼物中究竟有着怎样的含义吗？你想知道答案吗？

答案

刘墉在禀告乾隆的时候，说："臣的这份寿礼有着很深的含义，那就是他会尽自己所有的忠心送给皇帝一个"铁桶一样的江（姜）山"。乾隆听了这番解释后，立刻就理解了刘墉的意思，同时也为他的足智多谋与忠心耿耿所感动，自然就很高兴了。

12 顽皮学生的玩笑

大约二百年以前，在法国著名的动物学家居维叶身边发生了这样的一个小故事。

居维叶有一个非常顽皮的学生，这一天他很想跟居维叶开个玩笑，以此来吓一吓他。

夜深人静的时候，调皮的学生将自己装扮成一个头上竖着两支大角、四肢长着蹄子、张着血盆大口的"怪兽"，偷偷地爬进了居维叶的房间。

当时的居维叶正在熟睡，丝毫没有觉察到四周的变化。

只见那个学生突然发出猛兽一样凶猛的嘶叫声，做出要吃人的样子。

居维叶被惊醒了,先是一愣,然后开始迅速思考怎样才能安全地逃走。可当他借着灯光仔细地打量这个妖怪时,突然笑起来,说:"原来是个吃草的家伙,我怕你做什么!"

说完,就又睡他的安稳觉去了。

那个学生讨了个没趣,只好讪讪地退了出来。

第二天,那个学生实在憋不住,去问居维叶:"老师,昨天夜里,你屋里有没有钻进个怪兽呢?"

居维叶风趣地说:"我是专门研究生物的,当然很欢迎各种'怪兽'到我房间里来作客,不论是白天还是黑夜。"

那个学生又问:"那你怎么一看就知道那个'怪兽'只会吃草,不会吃人呢?"

于是居维叶就对这位学生进行了解释。

这个顽皮的学生听完老师的解释之后,这才明白自己恶作剧失败的主要原因。他对居维叶说:"请老师饶恕我,我的顽皮让老师吃了一惊。"

居维叶笑笑说:"顽皮并不可怕,可怕的是无知。好好学习吧!"

思索提问

你知道居维叶是如何对他顽皮的学生进行解释的吗?

答案

居维叶说:"判断一个动物是食草动物还是食肉动物,首先要观察一下它的四肢、口腔、牙齿和颌骨。如果是食肉动物,它的口腔上下的骨头和肌肉一定是适宜吞食生肉的,它的牙齿一定非常非常锋利,能够嚼烂生肉,眼睛、鼻子、耳朵一定善于发现远处的猎物,它的四肢也一定适宜追赶、抓捕猎物。昨天夜里那个'怪兽',我一看它的四肢,就知道是食草动物,根本不会伤害我,因为它的四肢上长的是蹄子,坚硬的蹄子是不适宜追赶和抓捕猎物的。像老黄牛和山羊的蹄子也是抓不住任何动物皮毛的。因此我就可以断定那妖怪一样的'怪兽'是吃草的。"

13 才子唐伯虎问路

　　明朝时,有一位江南才子唐伯虎,一次,他听说梅庵有位丹青隐士,就想去请教。一路上他看见春光明媚,河山添姿,不禁诗兴大发,边走边吟:"十日春寒不出门,不知江柳已摇金,村村户户花如醉,春在枝头已十分。"就这样走着念着,不知不觉来到了一个三岔口,左、中、右三条道究竟到底走哪条道才能通往梅庵呢?

　　恰巧在这个时候,迎面来了一位打着小花伞的姑娘,唐伯虎便上前拱手笑问:"请问这位姐姐,去梅庵朱隐士家该怎么走?"

　　那姑娘原本是一位老学究的小女儿,平日端庄娴静,见一位俊秀的书生站在面前问路,羞羞答答的也不回话,只见她只捡了根树枝并在地上写了一个"句"字,就头也不回地朝前走了。

　　唐伯虎朝着"句"字注视了片刻,马上明白了姑娘的意思,朝姑娘指引的那条路走去,终于到达梅庵找到了那位隐士。

请问姑娘指的是哪条路？

"匈"字是"向"字少了左边一竖直，即向左一直走的意思。

14 特别的"宴会"

解缙，明代三大才子之一，也是明代著名学问家。解缙自幼聪明过人，土豪们十分嫉妒，合伙密谋要捉弄一下他。

有一天，土豪们给解缙下请柬，请他到城里的"一品香"酒楼赴宴。这"宴会"十分特别，圆桌比平常的大一倍，一盘红烧鸡放在了桌子的正中央。他们分明是要解缙当众出丑，因为解缙人矮手短，且莫说夹菜，就是用筷子碰着菜盘也难。但是，当解缙看到这眼前的一切时，依然笑嘻嘻地从容入座。

一个身材高大的土豪发话："解缙，请用酒菜。"

此时的解缙淡然一笑："凳子离桌子太近了。我提议，我们在座的每一位都把凳子往后移两尺。"

土豪们一听，挺乐，心想，再往后一移，你不就更要出洋相了。于是，他们纷纷响应。结果，土豪们个个被捉弄了。

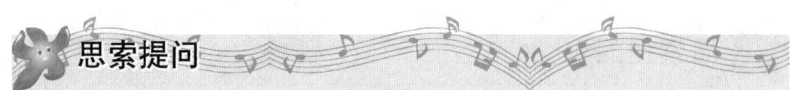

思索提问

你知道这究竟是怎么回事吗?

答案

原来,他们把凳子都往后移到了两尺之外,土豪们一个个把手臂伸得老长,但是他们当中竟没有一人能够碰着菜盘。而解缙早有准备,他从身后取出两根3尺长的大竹筷,一筷夹起盘子中的红烧鸡,幽默地向土豪说了声:"各位,多谢了!"便大口大口吃了起来。

第七章

一路探寻

——找到原因

　　路是人走出来的,一步一步,必须走得坚实。生活中有太多让我们感到困惑的现象,在找不到原因的时候不要简单放弃,一路探寻,才发现事情原来是这样的,道理原来是这样的,真正的答案原来是这样。生活如此神奇,它教会我们很多,宛如一个神奇的老人,它所拥有的一切娓娓道来,帮我们看清事情的本质、答案的因由。

布满镜子的房间

有这样一间房子,房子里四周布满了镜子,所有的墙面、地面甚至门窗,没有一处不被镜子覆盖。

 思索提问

如果你走进去,关紧门,你将会看到什么现象呢?

 答案

你也许会想,能看到无数个自己。其实,你什么东西都看不见。因为没有光线能射进房间里面,到处一团漆黑,即使你有火眼金睛也不行。

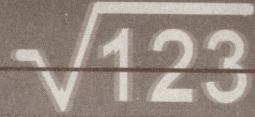

2 公主丢了的鞋子

关于灰姑娘的故事，大家一定不陌生，一位老婆婆用魔法将心地善良的灰姑娘变成了公主一般的美人，并帮助她参加了王子的舞会。可是在十二点之前，灰姑娘必须回家，因为十二点过后，魔法会全部消失，如果灰姑娘的名字或家世被王子知道，她也将会陷入十分尴尬的境地，另外还要赶在继母和她的女儿回家之前把家务做好。

于是，当十二点的钟声敲响时，灰姑娘便急急忙忙地从舞会上离开，匆忙之中丢落了一只水晶鞋。王子为了早日找到自己的爱人，十分心急，于是拿着灰姑娘落掉的那只水晶鞋，挨家挨户地去询问。

当来到灰姑娘的家里时，王子便将水晶鞋拿了出来，想让灰姑娘还有她的两个恶毒的姐姐试穿一下。

王子说："你们谁能穿得上这只水晶鞋，谁就是我的公主，成为我的新娘。"

于是两个姐姐高兴地将自己的鞋子脱了下去，准备试穿。

王子看了看她们两个，再看了看灰姑娘，最终没有让她们任何人试穿鞋子，便认出了舞会上的姑娘就是灰姑娘。

"这次再也不让你走了！"王子说道，之后便和灰姑娘携手离开了这没有一丝温暖的家，就这样灰姑娘和王子从此幸福地生活在一起。

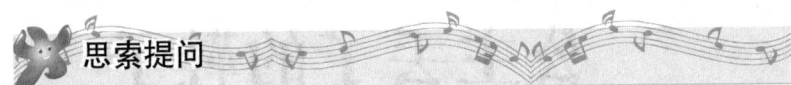

思索提问

你知道王子为什么在两个姐姐都没有试穿鞋子的情况下，就将灰姑娘认出来了吗？

答案

原来她们几乎是同时将自己脚上的鞋子脱了下来。两个恶毒的姐姐脱的是另一只脚的，只有灰姑娘脱下的和掉落的鞋子是同一只脚。

3 掉了下去！大盗跳楼

有一天，一个技艺高超的大盗，被警察堵在了一座高楼上，这座高楼与两边的建筑分别只有1米的距离。大盗一开始想跳到左边的高楼上，可是刚一抬脚，就发现那边有几名警察正攀爬过来，情急之下他急忙改变方向，从右边的窗户上跳到对面的建筑物上。

可是大盗这一跳却掉了下去。他既没有中枪也没有受伤，右边的建筑物跟高楼大厦的距离也仅仅只有1米。

思索提问

这到底是怎么回事呢？

答案

原来，两者之间的距离虽然都是1米，可高矮却是不一样的。他看到左边的建筑物与他所在的高楼基本高度相同，就以为右边也差不多，殊不知，右边是两三层的矮楼。

4 巧寻花仙

古时候，有一个打算进京赶考的秀才，为了能够榜上有名，每天都把自己锁在一个寂静无人的花园里刻苦攻读。秀才常常读书到深夜，有时候甚至忘记了吃饭。秀才的求知上进与刻苦精神使一位花仙爱上了他，所以每天晚上，花仙都会到秀才的房间里伴读，直到天快亮的时候才飘然离去。

渐渐地，秀才对这位花仙产生了爱慕之情，于是就对花仙提出让她留下来陪伴自己的要求。可花仙却笑着告诉秀才，自己是由花园里的一朵牡丹变化而来的，如果秀才能够在天亮之后认出哪一朵牡丹是自己，那么她就答应嫁给秀才，做他一生一世的妻子。

当花仙离去之后，秀才依然没有入睡，天刚刚亮的时候他就来到了花园里，可到底哪一朵牡丹才是花仙呢？左看看，右看看，牡丹花几乎都长得一样啊。可到底哪一朵牡丹才是自己的花仙呢？心急如焚的他不知怎么办才好。于是秀才站在牡丹花旁开始思索。没过多久，秀才终于想到了一个办法，并很快在这些牡丹中认出了花仙，也得到了一生的幸福。

思索提问

那么，秀才到底是怎样认出哪朵牡丹才是自己心爱的花仙呢？

答案

花园中的秀才突然想到，凡是普通的牡丹经过了一夜的时光之后，花瓣上一定会沾满了昨夜的露水，而花仙在自己房间里伴读，所以她所变成的牡丹绝对不会留有露水。想到这些，他很快在花园之中找到花瓣上没有露水的那朵牡丹，自然就找到了自己心爱的花仙。

5 巧挪桥墩

有一次，一场突如其来的山洪不仅冲毁了小桥，还把用钢筋水泥制成的桥墩都冲到了河的下游。这给河两岸人们的生活带来了极大的不便。于是，人们便立即决定在原来的位置上再重新建造一座新桥，但前提是把已经被冲到下游的桥墩挪回来。

在做出决定后不久，大家便开来两条大船，准备将陷在泥沙中的桥墩拖走，可是桥墩陷得很深，用船拖走有难度，大家拉断了好几根粗壮结实的绳子，却仍然无法将桥墩的位置挪动。

"看来靠这种办法是不行了。"一位中年人说道。

"那还有更好的方法吗？"一位小伙子问。此时在场的人都发了愁。

"我有挪动桥墩的方法了！"就在这个时候，一位很有经验的老工人却猛地站了出来，将他的方法仔细地给大家讲解了一下。大家就按照他的主意去做了，过了一段时间，果真把沉重的桥墩挪到了原来的位置。

思索提问

那么，这位老工人的方法到底是什么呢？

答案

老工人的方法是：先用沙土装满两条大船，然后把船划到桥墩的上方，用绳子将桥墩与两条大船套牢，最后再把两条船上的沙土卸掉，这样就可以利用水的浮力把桥墩从泥沙中拔出来。等桥墩整个被拔出来之后，再用大船来托运它就容易得多了。

6 聪明的小丞相甘罗

甘罗，战国时楚国人，从小聪明过人，是著名的少年政治家。小小年纪拜入秦国丞相吕不韦门下，做其门客。后为秦立功，12岁被秦王拜为上卿。由于上卿是战国时诸侯国最高的官职，相当于丞相，民间因此演绎出甘罗12岁为丞相的说法。

12岁就当上了丞相的甘罗，是战国时期秦国最有名的人物。在他还是一个5岁的孩子时，有一天，秦国军队举行演练，秦王让小甘罗一同前往观看。当秦王看到训练场上密密麻麻的士兵，以及他们身后摆放着的无数兵器后，就对文官武将说，如果谁能够在自己击掌10次的时间里查出到底是士兵多、还是武器多，那么他将重重地奖赏这个人。

在场的所有大臣都认为这是一件不可能的事情，而小甘罗很快就想到了一个办法。于是，他对秦王说自己根本就不用击掌10次，只需要击掌3次的时间就足够了。秦王当然不相信，可事实证明，小甘罗并没有吹牛，他真的只在秦王击掌3次后就给出了正确答案。

思索提问

聪明的小甘罗到底是如何做到的呢？

答案

原来,甘罗的办法很简单,他命令所有的士兵在秦王击掌3次的时间里拿起一件兵器,这样等到秦王3次击掌过后,一眼就可以看出到底是士兵多还是兵器多了。

7 小鸡嗜好吃沙

一天,兰兰妈妈不知从哪里买了十几只小鸡,毛茸茸的,甚是可爱。一个星期六的上午,兰兰看到妈妈端着一个装有小米的碗,正朝那些可爱的小鸡走去,兰兰急忙上前,说要自己喂小鸡吃食。于是妈妈便将碗递给了她。

喂小鸡的时候,兰兰发现小鸡吃完米后,东啄西挖,总会再去啄一点沙子吃。兰兰想,见过小鸡吃米粒、馒头粒或菜叶,还没有见过小鸡吃沙子的,难道小鸡没吃饱吗?怎么连沙子都吃呢?于是,兰兰又抓了一把米给小鸡吃,过了一段时间,小鸡还是照旧吃沙子。"原来,吃沙子是小鸡的嗜好啊!"兰兰自言自语道。

思索提问

小鸡吃沙子是怎么回事?

答案

其实,小鸡之所以喜欢吃小石子和沙子,这是因为小鸡没有牙齿，吃东西不咀嚼，都是囫囵吞下。食物吃到肚子里，得靠沙粒、小石子等来磨碎，这样有助于消化。但是，小鸡不会因此受到伤害，因为鸡的身体里有一个小口袋，也就是鸡胃。鸡的胃由腺胃和肌胃组成，肌胃有较厚的肌肉壁，上面有一层角质皮。鸡吃了小石子后，就像人磨麦子时找到了"磨盘"一样，会将小石子磨碎，有利于提高消化和吸收能力。

8 失踪的自行车哪儿去了

丁先生骑着一辆自行车路过一个公共厕所，他停下来，用环形锁锁好自行车的前轮便进了厕所。

几分钟后，丁先生从厕所出来，发现自行车不见了。

他能确定是那几个男孩中的某一个偷走了自行车。于是他急忙四处寻找，最后在几里路外的地方，找到了自己的自行车，可是最令他奇怪的是，自行车前轮上的环形锁依然锁着。

那个男孩显然是不可能把自行车扛到那么远的地方的。

思索提问

那个男孩究竟用什么办法擅自借用他人的自行车兜了一大圈呢？

答案

原来，那个男孩趁丁先生进厕所的时候，在丁先生的自行车的前轮下面绑上一只溜冰鞋。这样，即使前轮锁着，自行车仍然可以骑，所以他把自行车骑到了很远的地方。可是又怕骑

回来会被自行车的主人抓住，便解下前轮上的溜冰鞋，扔掉自行车溜走了。

9 县官王之涣审黄狗

唐朝开元年间，文安县有一个很有名的唐代诗人叫王之涣，他在这里做县官，深受当地老百姓的爱戴。有一次，王之涣受理了这样一个案子。

三十多岁的民妇刘月娥哭诉："我的公公和婆婆过世得早，丈夫在外经商已有多年，家中只有我和小姑相伴生活。昨晚，我去邻家推碾，小姑在家缝补，我推碾回来刚进门，就听见小姑喊救命，我急忙向屋里跑，在屋门口撞上个男人，我与他厮打了起来，抓了他几下，但我不是他的对手，让他跑掉了。进屋掌灯一看，小姑胸口扎着一把剪刀，已经断气。望县官大人为民妇做主，捉拿凶手啊！"

王之涣问："那人长的什么样子？"

刘月娥说："天很黑，没看清模样，只知他身高力大，上身光着。"

"当时你家院里还有别人吗？"王之涣又问。

"除了黄狗，家里没有喘气的了。"刘月娥答道。

"你家养的狗？"

"已经养3年了。"

"那天晚上回家，难道你没有听见狗叫吗？"

"没有。"

这天下午，县衙差役在各乡贴出告示，县官明天要在城隍庙审黄狗。

第二天，大家好奇地蜂拥而来，将庙里拥挤得水泄不通。王之涣见人聚集得差不多了，便喝令关上庙门，然后命差役先把老幼妇女请出庙。于是庙里只剩下十多个年轻力壮的小伙子。王之涣命令他们把衣服都脱了，面对着墙站好。然后逐一查看，这时他看见一个人的脊背上有两道红印子，经讯问，是刘月娥的街坊李二狗，原来凶手就是他。

思索提问

王之涣这次破案与审狗有什么关系呢？

答案

王之涣听刘月娥说家里有条黄狗，晚上没有叫唤，从而断定凶手一定是她认识的人。听了刘氏所说的与凶手厮打的经过，可以进一步断定凶手是高个子，背上一定有抓痕。

10 晚上不会开花的郁金香

一天，玲玲回到家，突然发现家里多了两盆郁金香，一盆是紫色的，一盆是黄色的，都带着大花骨朵。这让特别爱花的玲玲心里美滋滋的。

这天天气好，玲玲早上给花浇了水后，放到阳台上让它们晒太阳。下午的时候花开了，准确地说是花瓣张开了，能看见花蕊，但没有完全开。可是等到晚上，它们又合上了！又变成花骨朵了。连续两天都是这样。

这让玲玲感到特别奇怪。

思索提问

为什么郁金香晚上不会开花呢?

答案

鲜花会随着气温的变化而绽开或闭合,而郁金香在暖和的气温下才能开花,因此,白天气温高的时候,郁金香便开花;晚上气温低,郁金香的花瓣便会闭合。

11 爱睡觉的"睡莲"

夏天,池塘中水面上漂浮的睡莲,每当太阳从东方升起的时候,睡莲白天张开花瓣,露出妩媚的笑脸。夕阳西下,它又慵懒地合起花瓣,好像进入了梦乡。

睡莲这一"晨醒晚睡"的现象引起了敏敏的注意。她约了好朋友佳佳一同进行观察。每天上午八九点钟,睡莲渐渐醒来,慢慢抬起头迎接着太阳,到中午时分开放出艳丽的花朵。到了傍晚,暮色降临,它就收起花瓣进入梦乡。

她们对睡莲的这种睡觉习性感到很奇怪,但是都不知道这究竟是什么原因。

其实,睡莲的花瓣在晚上合拢,能够防止娇嫩的花蕊被冻伤,这是它在生长过程中逐渐形成的"习惯"。

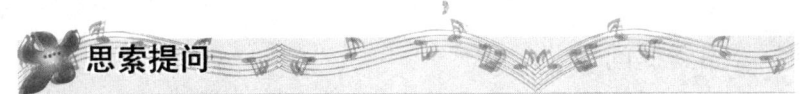

思索提问

那么,请问你知道睡莲为什么会有这种"晨醒晚睡"的习惯吗?

答案

这是因为睡莲对阳光反应特别敏感的缘故。早晨太阳升起,闭合着的睡莲花瓣的外侧受到阳光的照射,生长变慢,内侧层背阳,却迅速伸展,于是花儿就绽开了,像醒来了一样。到了晌午时分,花瓣完全舒展开成一个大圆盘,这时候就盛放了。等到了傍晚时分,太阳落山,而这时的睡莲花瓣内侧层受到阳光照射,生长变慢,外侧层正好相反,它的伸展逐渐超越了内侧层,于是就慢慢地自动闭合起来。因为睡莲有这种特别的睡觉习性,所以它的名字也因此得名。

12 不怕冷的菊花

秋天是菊花盛开的季节。公园里会有许许多多五颜六色的菊花,有红的、白的、蓝的、紫黄的、粉的,等等。简直是美丽极了。

每逢秋天,都会有很多的菊花展会。很多人也都喜爱赏菊,即使在极其寒冷的深秋,人们赏菊的热情也依然不减。而菊花争芳斗艳的热情也一点儿没少,她们迎着严寒竞相开放。有一天,天气非常寒冷,酷爱养花的王爷爷带着喜欢花儿的孙女玉莲一同来到了菊花展会上。

看到那各式各样、五颜六色的花儿，玉莲手舞足蹈，这是她第一次看到这么多美丽的菊花。赏花的过程中，玉莲不停地问这问那。

"爷爷，要换了其他的花，说不定早就冻死了，为什么菊花不怕冷呢？"

"这个……"

王爷爷真的不知如何回答了。因为王爷爷只知道这是菊花的习性，但他都不知道具体的原因。

思索提问

那么，你知道菊花为什么不怕冷吗？

答案

在冬天的时候，水很容易结冰。但如果你在一杯水中加上糖溶化后，它就不容易结冰了，这就说明水中含糖量越高，就越不容易结冰。就是因为菊花体内含有许多糖分，所以在极其寒冷甚至结冰的气候中也能够绽放出美丽的花朵。

13 预备姿势

田径是体育运动中最古老的运动项目，也是奥林匹克运动的基石，最能体现奥林匹克"更快、更高、更强"的座右铭。田径也是奥运会设金牌最多的项目，因此有人用"得田径者得天下"来形容田径在奥运会金牌总数中所占的位置。

而短跑是田径赛中不可或缺的一项比赛项目。在短跑比赛中，我们常常看到短跑运动员在起跑前先要蹲下来两脚一前一后，后脚用力蹬地，做预备姿势，目的只有一个———跑得更快。为什么要这样呢？

思索提问

为什么田径运动员要做出这样的预备姿势呢？

答案

事实上，短跑运动员先蹲下来再起跑的原理和弹簧压缩的道理是一样的。因为短跑比赛竞争非常激烈，可以说是分秒必争，如果起跑时慢了一步，再追就已经迟了。所以运动员在起跑前先蹲好，听到发令枪声后再猛地起跑，肌肉会产生一股强大的爆发力，像弹簧一样，能使运动员以最快的速度冲出去。因此短跑运动员在起跑时采取下蹲姿十分有必要。

第八章

追根逐源

——原来如此

每当我们搞清楚了事情的真相,往往会暗自说一句"原来如此"。其实世界上的稀奇本不是什么新鲜事,都是正常发生的现象,之所以觉得奇怪就是因为我们根本没有真正观察过。做个生活的有心人,观察我们生活中的点点滴滴,多少发挥点刨根问底的精神,你就会发现原来世界是这样的,哦,原来如此啊。

1 颠倒的电文

1949年新中国成立时，云南还是国民党的统治区域。一批爱国民主人士被关进了昆明监狱。

蒋介石电令当时在昆明的代总统李宗仁等人，把民主人士押往重庆审讯。电文中蒋介石说这些民主人士都是情有可原的，罪不可逭。当时在昆明的代总统李宗仁就故意把电文颠倒为"罪不可逭，情有可原"，并根据这颠倒的电文把这些民主人士全部释放了。

思索提问

句子一般是不能颠倒的，可上述两例中的句子怎么能颠倒呢？你能说出其中的道理来吗？

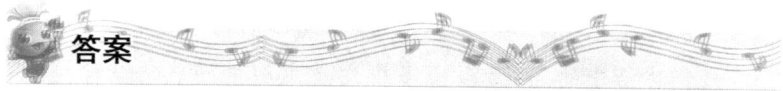

答案

通常来说，汉语里表示并列的句子有两种情况：一种是有次序的，如"吾爱吾师，吾尤爱真理"，这类句子是不可以颠倒的；另一种是无次序的，如"山又高，水又深"，这类句子是可以颠倒的，也可以写成"水又深，山又高"，意义也无不同。蒋介石的电令属于第二种无次序的句子，所以可以颠倒，而在语法上没有错误。当然，这两个句子颠倒后的意思是不同的。

2 聪明的马克·吐温

马克·吐温是美国著名的作家，也是著名的幽默大师、小说家和演说家，其作品幽默风趣，他本人也非常喜欢开玩笑。有一次，有一位牧师在讲坛说教，对牧师的陈词滥调，马克·吐温厌烦透了。于是，他有心要和牧师开一个玩笑，捉弄他一下。正当牧师讲得津津有味、眉飞色舞时，马克·吐温突然站了起来打断了他的布道：

"牧师先生，你的讲词实在是太妙了，只不过你所说的每一个字我都曾经在一本书上看见过。"

牧师听罢此言，非常不高兴地回答："这是绝对不可能的，我的演讲词绝对不是抄袭而来的，我以上帝的名义发誓！"

"但是，你所说的每一个字确实都在那本书上面啊。"

"既然这样的话，那么，如果你方便的话，请你抽空把那本书寄给我看一看。"牧师无可奈何地说道。

过了几天之后，马克·吐温果真把那本"书"寄给了这位牧师。牧师看后哭笑不得。

不过，事实上马克·吐温和这位牧师他们两个谁也没说假话。

思索提问

那么，马克·吐温寄了一本什么样的书给了这位牧师呢？

答案

原来，马克·吐温寄的是一本字典。牧师讲的每一句话中的每一个字，确确实实都能在字典里找得到！

③ 如此违规

交通法规明文规定：机动车通过交叉路口，应当按照交通信号灯、交通标志、交通标线或交通警察的指挥通过；通过没有交通信号灯、交通标志、交通标线或交通警察指挥的交叉路口时，应当减速慢行，并让行人和优先通行的车辆先行。

有步行者横过公路时，机动车辆就应停在人行道前等待。可是，有一天，偏偏有个汽车司机，当交叉路口上还有很多人横过马路时，却突然撞进了人群中，全速向前跑。这时，值班的警察全程目睹，却根本不制止。

思索提问

你知道这究竟是怎么一回事呢吗？

答案

原来，汽车司机根本没有开车，他是跑着撞进人群，全速向前跑的。

4 怎样才能越狱成功

有甲、乙、丙三人因被人陷害而入狱，都被囚禁在一座塔楼上。塔楼上除了有一个窗口可用于逃离外，再也没有其他的出路。现在塔楼上有一个滑轮、一条绳索、两个筐子、一块重30千克的石头。不过在一个筐子比另一个筐子重6千克的情况下，两个筐子才可以毫无危险地一上一下。已知甲体重78千克，乙体重42千克，丙体重36千克。

思索提问

请问这三个人该怎样借助这些塔楼上的工具顺利地逃离呢？

答案

他们的逃离步骤如下：

塔楼上

（1）先用人力将石头慢慢放下；

（2）丙下，石头上；

（3）乙下，丙上；

（4）石头下；

（5）甲下，乙和石头上；

（6）石头下；

（7）两下，石头上；

（8）乙下，两上；

（9）石头下；

（10）两下，石头上；

（11）石头自然坠下。

5 狡猾的女人

小王是一个刑警，有一次，他约了朋友小青一块儿去吃饭，正当两人吃得津津有味的时候，邻桌来了位漂亮的姑娘，一下子引起了他的注意。

那位姑娘浓妆艳抹，打扮十分时髦，手指甲上涂上了透明的指甲油，独自在他们的邻桌吃饭。

小王总觉得这个姑娘十分面熟，似乎曾在哪里见过，但自己想了半天都没想起来。小青开玩笑地说他是见了美女就想套近乎的人。小王就笑了笑，以为自己真的认错人了。

直到那位漂亮的姑娘吃完饭，刚要走出大门口时，小王一拍脑门才猛地想起来，对小青说："刚才那个女的就是我手头案件中正要抓捕的嫌疑人！"

小王迅速通知同事，并赶紧报警。可是他和同事们在附近找了大半天，都没有找到人，就连那姑娘用的筷子和杯子上也没发现任何指纹，真是让令人百思不得其解。

后来小王仔细地回忆了一番，经过思考后，他自言自语地说道："这个女人实在是太狡猾了！"

思索提问

你知道警察为什么没有发现那个姑娘的指纹吗?

答案

原来,那个女人在她的指甲上涂透明指甲油的同时,也在她的手指上涂上了同样透明的指甲油,这样一来,她便不会留下任何指纹了。

6 加法的妙用

一天,敏敏在做这样的一道题:把1、2、4、5、6、7这七个数字按顺序写出来,然后在不改变数字顺序的情况下,添几个加号,在哪里添加,才能使这几个数字相加的和为100呢?

敏敏回家后一直思考着这道题,在草稿纸上反复地演算,一遍又一遍,草稿纸都用了好几张了,却怎么也做不到使它们的和为100。这个时候,敏敏的姐姐也放学回家了,当他看到敏敏那愁眉紧锁的样子,就知道敏敏一定是遇到难题了。于是,便朝敏敏走了过来。只见她看完题之后,稍微思索了片刻,很快就将题给解出来了。

思索提问

你知道敏敏的姐姐是怎么解出这道题的吗?

答案

敏敏的姐姐在这七个数字间只添加了四个加号就轻松地解出了这道题,即:1+2+34+56+7=100。聪明的你不妨试一试,还有没有其他方法?

7 重量真的小了吗

这个故事发生在很多年前。一个装满金丝雀的货车路过一个检查站时,交警举旗示意这一辆货车停下来,检查货车是否超载。于是,司机就把货车开到了量重器上,就见司机赶紧从驾驶室跳下来,拿起一根木棍敲打货卡车的一边。

有一个旁观者不解地问:"你为什么要这样做呢?"

"是这样,"他回答,"我的货车里装了2000千克的金丝雀。我很清楚货车会超载,但是,如果我让鸟在车厢里飞起来的话,那么秤上就无法显示它们的重量了。"

思索提问

请问,司机说得对吗?如果货车车厢里的鸟都飞起来,货车的重量真的会比鸟栖止于货车上时小吗?

答案

事实上，只有当货车的车厢完全敞开情况下才能实现减重。但是，现在货车的车厢是封起来的，当鸟保持在飞行状态时，它们必然会用与自身体重相当的力量在空气中挥动翅膀。这样一来，这种力量就会通过空气施加于货车的平板上。因此，不管鸟是静止状态还是飞行状态，货车的重量都是保持一致的。

8 雨后的蘑菇

下过雨之后，又是一个艳阳天。

"小白，快点起床了。"兔妈妈对小白兔喊道。

"妈妈，你再让我多睡一会儿吧。"小白兔说。

"今天山上可是有许多你爱吃的蘑菇哟，你以后还想吃蘑菇吗？家里可是没有蘑菇了啊。"兔妈妈紧接着说。

兔妈妈刚说完，小白兔一骨碌从床上爬了起来，此时的她一点睡意也没有了。吃完早饭之后，小白兔就挎了一个大篮子急急忙忙往山上奔去。一路上她还不停地哼唱着歌儿，不知不觉便来到了山上。

蘑菇像一把把小伞一样密布于地面，看到有那么多的蘑菇，小白兔乐坏了。记得以前妈妈带她来采蘑菇的时候，告诉过她，哪些蘑菇是可以吃的，哪些蘑菇是不可以吃的。于是，小白兔按照妈妈所说的，开始忙了起来，一朵，两朵，三朵……不一会儿，篮子里面就装满了蘑菇。

小白兔高兴极了，心里想，又有很长的一段时间可以吃到好吃的蘑菇了。她又哼着歌儿下山了。到家之后，兔妈妈看到了那一篮子蘑菇，笑着说："哎呀，我们家的小白真能干啊，帮妈妈采了这么多蘑菇。"听了妈妈的夸奖，小白兔心里甜滋滋的。

此时，小白兔突然想到一个问题，她只知道下雨之后会有很多的蘑菇，但是为什么呢？小白兔缠着兔妈妈给她讲起了其中的原因。

思索提问

为什么下雨后山林里会长出很多蘑菇呢？

答案

原来，蘑菇喜欢生长在温暖潮湿的地方，它没有种子，只能依靠孢子来繁殖，孢子散布到哪里，就会在哪里萌生出新的蘑菇。蘑菇自己无法制造养料，只能利用它的菌丝伸到土壤或腐烂木头中，吸取养分来维持自己的生命。所以蘑菇生长的地方必须要阴湿、温暖而富有机质。蘑菇是由孢子体长大而成的，孢子产生菌丝，吸收养分和水分之后会产生子实体。子实体最初很小，等到吸足水分后，在很短的时间内就会伸展开来。因此，在下雨以后，蘑菇长得又多又快。

9 会飞的蒲公英果实

蒲公英是一种随处可见的。每年的 5 月下旬至 6 月下旬为蒲公英种子的集中成熟期。

蒲公英开花后，会结出许多又轻又小的果实，每个小果实顶端，长着一丛白色的绒毛，有利于它飞上天空。它们聚在一起，组成了一个毛茸茸的"果球"。

此时的你，如果采下一个毛茸茸的"果球"，轻轻一吹，它们便会在空中飞舞。能飘到很远的地方去安家了。

思索提问

为什么蒲公英的果实会飞呢？

答案

在蒲公英的又轻又小的果实顶上，长着一丛白色的绒毛，这对于它飞上天空非常有利。它们聚在一起，组成了一个毛茸茸的"果球"，当一阵风吹过，蒲公英的果实就会飞到半空中。轻柔的绒毛使它们能在空中飘扬很长时间，就如同一顶顶微型降落伞。

10 冬天里的蜡梅

大多数植物都在春天和夏天开花,可是蜡梅却与众不同。它在温暖的季节里只长叶子不开花,偏偏要到寒冷的冬天,才会开花。

思索提问

蜡梅为什么会在寒冷的冬天里开花呢?

答案

原来,各种花都有不同的生长季节和开花习惯。蜡梅不怕寒冷,0℃左右是最适合它开花的温度,所以蜡梅总是要到冬天才开花。

11 不容易开花的铁树

有一天，玉莲在放学回家时，发现小区的花园里多了几株从没见过的植物。它们形状美观，一根主茎拔地而起，四周没有分枝，所有的叶片都集中生长在茎干顶端，并且它们的树叶大而坚挺，形状像传说中的凤凰尾巴。

一踏进家门，玉莲就开始忙着向爷爷打听那些新植物，听完玉莲的描述之后，爷爷就笑呵呵地说："那就是铁树，也叫苏铁，是一种美丽的观赏植物，是地球上现存的最原始的种子植物之一，也是一种古老的裸子植物。它树形美观，四季常青。正是因为铁树叶的大而坚挺，形状像传说中的凤凰尾巴，所以呀，人们又把铁树称为'凤尾蕉'。铁树一般在夏天开花，它的花有雌花和雄花两种，一株植物上只能开一种花。这两种花的形状大不相同：雄花很大，好像一个巨大的玉米棒，刚开花时呈鲜黄色，成熟后渐渐变成褐色，而雌花却像一个大绒球，最初是灰绿色，以后也会变成褐色。但是，铁树不容易开花。"

"为什么呢？"玉莲又问爷爷。

爷爷为了满足可爱的孙女的好奇心，又开始耐心地讲解了起来。

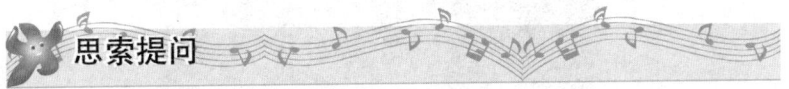

思索提问

请问你知道铁树为什么不容易开花吗？

答案

　　铁树是一种热带植物，喜欢温暖而潮湿的气候，而且不耐寒冷。因此铁树开花自然就带有很强的地域性了。生长在热带的铁树，树龄10年就可以年年开花结果了。

　　在我国南方，人们一般把铁树栽种在庭院里，如果条件适合的话，铁树可以每年都开花。把它移植到北方进行种植后，由于气候低温干燥，铁树的生长会非常缓慢，开花也就变得比较稀有了。

12 爱伸舌头的小狗

夏日里的一个午后,火辣辣的太阳照射着大地,感觉地面都滚烫滚烫的。珊珊搬了一个凳子坐在院子里的大树下,还好这里时不时还有一丝丝的凉风吹过,待在屋子里,让她感觉有点闷热。

过了不久,珊珊家里的小狗"贝贝"从外面回来了,趴在珊珊旁边休息。只见它的舌头不停地伸着。珊珊对此感到十分惊奇,随后几天珊珊又对"贝贝"进行观察,发现它总是爱伸着舌头,只是晚上的时候才伸回去。

姗姗想,小狗为什么总爱伸舌头呢?

思索提问

你能告诉珊珊为什么小狗爱伸舌头吗?

答案

人和哺乳动物的体温是恒定不变的。比如人,无论春夏秋冬哪个季节,正常体温都在36.5℃上下,而狗也有它自己固定的正常体温。可是,在高温的夏季,人类可以通过出汗、扇风等方式把温度降下来保持体温的稳定。人和许多动物身体表面都有汗腺,可以分泌汗液,热量通过汗液的分泌也可以散发到体外。而狗虽然也要保持恒定体温，可它身体表面没有汗腺，它的汗腺长在舌头上。于是，每到炎热的夏季，为了维持自己的正常体温，狗就只好不停地伸出它那长长的、冒着热气的舌头，通过舌头来散发全身的热量。其实，即使不在夏天，狗在奔跑、打架时，身体热了之后，也经常伸出舌头，通过舌头"出汗"来调节体温。